L'Univers
et vous

Une Histoire d'Amour

De la même auteure, chez le même éditeur
Le petit Oracle des Guidances Étoilées, 2021.

Graphismes et illustration de couverture : © Louise Cosson – colabcrea
Photographies : © Matthieu Munoz

ISBN : 978-2-84933-670-0

www.editions-tredaniel.com
info@guytredaniel.fr
www.facebook.com/editions.tredaniel
editions_contre_dires

Carélia Feris

L'Univers
et vous

✳

Une Histoire d'Amour

Éditions **CONTRE-DIRES**
19, rue Saint-Séverin
75005 Paris

« La vie ne vaut d'être vécue sans amour. »

Serge Gainsbourg
La Javanaise

À ma triade sacrée : mes trois enfants, que j'aime plus que tout au monde et pour toujours, au-delà du temps et de l'espace.

À leur père, car ensemble nous avons créé la vie.

À ma mère qui a toujours été là pour moi et qui m'a enseigné la valeur de l'Amour et le non-jugement.

À mes sœurs d'âmes, mes douces confidentes, qui savent par leur écoute et leurs conseils me guider vers l'équilibre et l'apaisement.

À mes frères d'âmes avec lesquels je partage des moments de complicité et de complémentarité.

À ma famille d'âmes.

À toutes les lumières qui ont éclairé mon chemin lorsque je me suis retrouvée perdue dans les ténèbres.

À vous.

Avec Amour,

Carélia

Sommaire

Introduction

Aimons-nous et tout ira bien !

« Un jour, quand nous aurons maîtrisé les vents, les vagues, les marées
et la pesanteur, nous exploiterons l'énergie de l'amour.
Alors, pour la seconde fois dans l'histoire du monde,
l'homme aura découvert le feu. »

Pierre Teilhard de Chardin
La Place de l'homme dans la nature

Quand je suis tombée sur cette phrase, je suis restée bouche bée. Elle traduisait exactement ce que je ressentais à ce moment précis. Pierre Teilhard de Chardin avait trouvé les mots justes pour décrire ce que je pressentais déjà depuis un moment. J'ai reçu ces mots comme un cadeau, comme une confirmation, comme un signe pour écrire enfin ce livre qui était en gestation en moi depuis si longtemps et qui devait maintenant éclore. Je dis souvent que les événements ont un timing particulier, qui peut différer du nôtre ou de celui que l'on souhaite. Car j'écris depuis toujours : des bouts de phrase, des histoires, des romans, mais c'était en cette année précise et pas avant que mon livre devait voir le jour. Et cela pour plusieurs raisons. La première, c'est que 2020 avait vu naître, malgré la tourmente de la crise sanitaire, ma première publication : *Le Petit Oracle des Guidances Étoilées*, qui a été écrit avec Amour et par Amour pour mes enfants mais aussi pour l'Autre. Pour vous. Afin de vous accompagner sur votre chemin de vie et de transcender cela par l'écriture, pour veiller sur vous du haut des étoiles comme je le ferai pour mes enfants le jour où je ne serai plus là. La deuxième raison, c'est que j'avais encore des choses importantes à apprendre, et que 2020 me les a enseignées. Alors oui, cette année a été dure et compliquée, mais elle m'aura offert la plus belle clé qui soit : celle de l'Énergie de l'Amour. Une énergie qui me nourrit et m'anime au quotidien, qui panse des blessures et qui peut se démultiplier à l'infini. Une sorte de super-pouvoir que nous avons tou·te·s en nous, mais dont nous n'avons parfois pas conscience. Une clé qui peut tout déverrouiller et qui peut nous rendre notre liberté.

L'année 2020 a fait basculer le monde dans la peur mais aussi dans l'amour, car elle a touché ce que l'humanité avait de plus précieux : le lien social. Un lien qui aurait pu disparaître, noyé sous les masques, les mesures de distanciation sociale, mais qui au contraire s'est vu renforcé par le manque et le vide qu'il a générés en nous. Nos consciences se sont alors éveillées, et au niveau mondial, les concepts comme « le monde d'avant » et « le monde d'après » ont vu le jour. Un paradigme était en train de s'effondrer pour donner vie à un autre. L'année 2020 nous aura privé·e·s de notre spontanéité dans nos liens sociaux, nous aura empêché·e·s de nous toucher, de nous embrasser, mais jamais de nous aimer. Car nous avons besoin les un·e·s des autres. De faire circuler cette Énergie d'Amour pour nous sentir vivant·e·s et pour incarner notre pleine humanité.

Cette crise nous a confiné·e·s dans notre for intérieur et nous a confronté·e·s à nos vérités. Elle a opéré comme un catalyseur d'émotions, de ressentis et de prises de conscience. Chacun·e d'entre nous aura eu sa part de révélations. Bonnes ou mauvaises. Mais des révélations qui ont été nécessaires et essentielles pour avancer, pour changer, pour nous transformer. Pour comprendre que nous ne formons qu'une seule et même unité dans laquelle nous sommes interdépendant·e·s les uns des autres. Un grand tout. Que cet Autre, c'est aussi moi, vous. Et que je peux aider cet Autre grâce à l'Amour que je pourrai lui donner, pour créer ce nouveau monde dont tout un chacun parle. Un monde où l'on ne peut plus anticiper et qui nous projette dans l'instant présent. Qui nous oblige à nous regarder, à nous observer et à réfléchir à la manière de construire un nouveau paradigme de vie fondé sur l'Amour, et non plus sur l'individualisme et la surconsommation. Un monde dans lequel notre nourriture serait plus spirituelle et moins matérielle, où l'on serait capable de voir cet Autre non plus comme quelque chose d'étranger à nous, mais comme une partie ou une extension de nous-mêmes.

En ce qui concerne ce livre, il ne s'agit pas d'une méthode : il s'agit de l'histoire d'une femme ordinaire, de cette *girl next door* qui pourrait être votre voisine, votre amie ou bien votre collègue de travail, et qui a découvert en elle un pouvoir extraordinaire pour transformer sa vie.

Ce livre naît de mon histoire personnelle, de ces dix dernières années où tout est devenu extrêmement compliqué et douloureux, alors que je pensais avoir trouvé une stabilité émotionnelle longtemps recherchée. Le ciel limpide au-dessus de ma tête s'est assombri d'un seul coup, sans alerte aucune, pour finalement laisser la place à une tempête déchaînée qui a duré des années. Une tourmente qui m'a secouée, qui m'a chahutée au plus profond de moi. Et dont 2020 a été en quelque sorte la « cerise sur le gâteau ». Elle a été si forte en émotions qu'elle a marqué la fin d'un cycle dans ma vie. Et qui dit fin dit début et renaissance.

En dix ans, je suis devenue mère de trois enfants, j'ai changé deux fois de pays, j'ai eu 40 ans, j'ai créé deux entreprises, je me suis confrontée aux démons de mon enfance, j'ai dû faire face à la mort d'un homme que j'avais profondément aimé, j'ai échoué, je me suis séparée du père de mes enfants j'ai rencontré des difficultés financières, je me suis écroulée mille et une fois, je me suis relevée les mêmes mille et une fois, je suis partie en quête de sens et de ma mission de vie, et après m'être perdue plusieurs fois en chemin, je l'ai trouvée et embrassée avec bonheur et soulagement. Tout cela en une décennie. À en avoir le vertige...

Au milieu de cette tourmente, j'ai détesté la vie de toutes mes forces et je me suis plusieurs fois posé la question : « Mais pourquoi ? Pourquoi moi ? Qu'ai-je fait pour mériter ça ? Pourquoi tout cela n'arrive-t-il qu'à moi ?» Je regardais alors autour de moi et j'observais la vie paisible de mon cercle le plus proche, alors que la mienne était brisée et que je me sentais rouée par les coups qu'elle m'avait donnés.

Et puis j'ai compris. La question n'était pas pourquoi, mais pour quoi ? Un mot qui se scinde en deux et qui, ce faisant, se transforme et change toute sa signification, toute sa portée.

J'ai alors compris que tout ce qui m'était arrivé avait un sens. Aussi dur que cela puisse paraître à entendre. Qu'il avait fallu que je me sente égarée, apeurée, délaissée, seule au monde, au bord d'un abîme, pour pouvoir repartir avec plus de force et de courage. Que la vie était déroutante par moments, mais si bien faite finalement. Que toutes les expériences que j'avais vécues avaient une raison puissante d'avoir existé. Qu'il fallait que je passe par tout cela pour en arriver là où je suis aujourd'hui.

Parce que la vie m'avait poussée à bout afin que je comprenne le cours que je devais prendre. J'ai alors porté un regard différent sur tous ces événements que je voyais jusqu'ici comme dissociés les uns des autres. J'ai réussi à rassembler toutes les pièces du puzzle, qui maintenant s'imbriquent si naturellement et facilement les unes aux autres. J'ai commencé à réparer cette fracture et tout ce qui avait été brisé en moi. Et peu à peu, je me suis reconstruite et je me suis sentie complète, et, le plus important : à ma place. Celle d'être là aujourd'hui en train d'écrire ces lignes. Parce que j'ai découvert qu'au travers de toutes ces expériences, j'avais appris des choses sur moi, que je pouvais en tirer des leçons et en faire des clés pour avancer sur mon chemin de vie. Et que je pouvais les partager avec vous, avec Amour, afin de vous accompagner dans ces moments de transformation.

Mon histoire est celle du Phénix qui renaît de ses cendres à plusieurs reprises. Une histoire dans laquelle l'affirmation « Ce qui ne me tue pas me rend plus fort·e » prend tout son sens.

J'ai gardé au fond de moi une autre phrase qui illustre très bien le propos de mon livre. Celle-ci provient du film *Incendiary*, qui raconte l'histoire tragique d'une jeune femme qui perd son fils et son mari dans un attentat terroriste. Cette phrase m'avait ébranlée et avait résonné fortement en moi. Alors que la protagoniste du film souffre chaque jour de l'absence de ses êtres chers et expérimente la douleur au plus haut degré, un homme qu'elle rencontre lui dit ces mots : « Je trouverai chaque morceau de ton cœur brisé et je le réparerai. Certainement, cela me prendra beaucoup de temps, mais je suis un homme patient. Mais par-dessus tout, je serai ton ami. » J'avais alors ressenti cette phrase comme un soulagement, comme une oasis dans le désert de la douleur, et j'avais pensé que la possibilité de se reconstruire était bien là et qu'on pouvait survivre au pire. Qu'on pouvait recoller un à un les lambeaux de son cœur même si cela prenait du temps, et qu'à la fin on pouvait bel et bien forcer la main du destin et changer le cours de sa vie. Et tout cela grâce à la force de l'Amour.

Je prends donc la plume pour mettre des mots sur mes maux. Parce que l'écriture a ce pouvoir d'exorciser et de transformer la douleur en apprentissage. Avec du recul, avec de la prise de hauteur, avec de la sagesse. Je vous livre donc mon histoire sans filtre pour vous inspirer. Pour vous montrer qu'on détient tou·te·s un énorme pouvoir : celui de l'alchimiste, celui de transformer l'ombre en lumière. Qu'on peut passer par des moments extrêmement compliqués mais qu'on peut s'en sortir. Pas indemnes certes, mais grandi·e·s, transformé·e·s. Parce que la vie n'est qu'impermanence, que changement. Que rien n'est pour toujours. Qu'on évolue et qu'on change au fil du temps.

On me dit très souvent que je suis une personne solaire, mais il faut savoir que je me suis battue comme une lionne pour maintenir cette lumière en moi et ne pas sombrer dans le côté obscur de la vie. Rien n'a été facile. Mais j'ai choisi de briller. Je suis convaincue que nous avons tou·te·s en nous ce soleil qui parfois n'arrive pas à se lever complètement. C'est pour cela que je partage dans ce livre mes propres clés, celles que j'ai découvertes et qui m'ont soutenue dans mon processus personnel. Je suis certaine qu'elles pourront également vous aider à déverrouiller des portes qui ne demandent qu'à être ouvertes, pour que vous puissiez à votre tour briller haut et fort dans le ciel.

Parce que cet Autre qui souffre, ça a été moi, une fois. Parce que quand j'ai souffert, l'Amour a été le remède qui m'a sauvée. L'Amour d'une mère, d'un mari, d'un ou d'une amie, de mes enfants. C'est grâce à cette énergie que j'ai pu me relever mille et une fois. Que j'ai pu me battre pour mes rêves et pour les gens que j'aime. Parce que l'Amour est une énergie vitale, qui nous porte et qui nous nourrit au quotidien. Qui fait que notre sang circule dans nos veines. Que nous sommes là, vivants. Alors, je nous souhaite à tou·te·s de rester uni·e·s dans ces temps si particuliers et de construire tou·te·s ensemble un monde différent. Un monde de lumière où l'on pourrait tou·te·s veiller les un·e·s sur les autres.

Avec Amour,

Carélia

Chapitre 1

L'Univers vous aime et vous soutient : n'en doutez pas !

« Je t'aime là où finissent les chiffres... »
Matias, mon fils, à 5 ans

« Je ne peux pas m'arrêter de t'aimer... »
Maximiliano, mon autre fils, à 5 ans

« Je n'ai plus de mots tellement je t'aime... »
Sofia, ma fille, à 7 ans

Ces phrases sont les plus belles déclarations d'amour que l'on m'ait jamais faites. Pour deux raisons : elles ont été dites par mes enfants, et elles renferment un merveilleux concept, celui de l'infini. De l'illimité. De l'abondance. De quelque chose qui ne se finit jamais et qui transcende le temps et l'espace. Quelque chose de plus grand et de plus fort que nous.

Nous vivons sur une planète avec un périmètre et des contours bien dessinés, mais qui fait partie d'un grand tout qui, lui, est infini. Qui ne finira jamais. Comme le fait de compter et d'aimer. Lorsque nous mobilisons l'Énergie d'Amour, nous sommes dans l'infini. Nous ne pouvons pas mesurer l'Amour. Je t'aime un peu, beaucoup, passionnément, à la folie... On peut donc décliner l'Amour à l'infini. Ce qui est puissant et merveilleux.

L'Univers nous offre donc une infinité de possibilités, d'aventures, de défis, d'histoires, d'opportunités à saisir et à expérimenter. Cela ne dépend que de nous et de notre libre arbitre. Car c'est nous qui décidons, c'est nous qui détenons ce pouvoir créateur. Rien n'est écrit, et nous pouvons changer le cours de l'histoire. Le choix que nous effectuons à un moment précis ouvre devant nous un véritable champ des possibles, où tout peut arriver. Le bon comme le mauvais, et c'est là qu'il nous faudra rebondir pour pouvoir avancer. Parfois nous devrons revenir en arrière pour mieux évoluer, car rien n'est vraiment linéaire et unidirectionnel. La vie n'est qu'impermanence et nous invite tous les jours au changement. Aujourd'hui, nous ne sommes pas les personnes que nous étions hier et nous ne sommes pas celles que nous serons demain. La vie est donc une invitation constante à cocréer avec l'Univers. Celui-ci nous présente des possibilités et nous choisissons. Nous dansons avec l'Univers dans ce processus de création, car nous faisons partie de lui et lui fait partie de nous. Nous sommes UN.

L'Univers nous invite à vivre cette Histoire d'Amour avec lui. Et comme toute histoire, celle-ci sera passionnante et passionnelle, heureuse par moments et triste à d'autres. Car l'Amour est une énergie si puissante qu'elle nous propulse dans des émotions intenses et palpitantes. Par moments, on se sentira heureux·se, comblé·e·s et parfois on se sentira perdu·e·s, mais quoi qu'il en soit, n'oubliez pas ceci : l'Univers vous aime et vous soutient. Malgré ce que vous pourrez en penser par moments. Vous ne le verrez peut-être pas immédiatement, mais vous vous rendrez compte par la suite que tout arrive pour une raison. Si vous en doutez, détendez-vous un instant et pensez à certains événements de votre vie qui ne se sont pas déroulés comme vous le souhaitiez ou comme vous l'espériez. Comme, par exemple, l'opportunité d'un emploi que vous pensiez décrocher et que vous n'avez pas eu ? Une histoire d'amour qui s'est terminée ? Un contrat de travail qui n'a pas été renouvelé ? Un voyage qui était prévu mais que vous n'avez finalement pas pu faire ? Alors oui, vous avez sans doute souffert à ce moment-là et vous avez été déçu·e, triste ou énervé·e.

Mais maintenant que le temps a passé, je vous invite à porter un regard différent sur ces événements et à vous poser cette question : que s'est-il passé après ? Quelles actions avez-vous mises en place pour avancer ?

Avec le recul, vous vous rendrez compte que ces événements, aussi difficiles à vivre furent-ils, vous auront permis d'apprendre quelque chose sur vous et sur les autres. Et que vous aurez pu ouvrir une nouvelle porte et envisager ainsi un nouveau champ de possibles.

Car oui, chacun de ces événements vous a offert une nouvelle possibilité : celle de changer et d'expérimenter quelque chose de différent qui vous mènerait vers une étape supérieure d'apprentissage. Vous avez pu alors prendre un tournant dans votre vie pour mieux vous réaligner avec vous-même, avec la Vie et avec l'Univers. Une porte s'est fermée, mais une autre s'est ouverte. Et un champ illimité de possibles est apparu devant vous. Il y a aura alors un avant et un après, avec la merveilleuse possibilité de tout changer, de tout rénover et de se réinventer. Il s'agira de mourir pour mieux renaître à chaque fois. Chaque événement qui se produit est alors une opportunité d'apprendre et d'évoluer. C'est la possibilité que vous donne l'Univers pour être en phase avec vous-même et donner le meilleur de vous au reste du Monde.

J'ai mis très longtemps à comprendre cela. Quand quelque chose ne marchait pas comme je voulais, je me lamentais et j'éprouvais tant de colère que je m'obstinais à obtenir ce qui, selon moi, m'était dû ou me correspondait. Je souhaitais tordre le cou au destin, à la vie et à l'Univers, car j'étais dans un rapport de forces et il était hors de question que ce soit moi qui cède. Je pensais que tout était ligué contre moi et que c'était à moi de remporter la bataille. Alors je continuais à me battre encore et encore. Mais malgré tous les efforts que je déployais, cela ne marchait pas et je n'obtenais pas les résultats attendus. Et je ne comprenais pas. Je baissais alors les bras et la colère faisait place à une immense frustration et à une tristesse qui m'envahissaient tout entière. Et je plongeais dans des périodes sombres où, après avoir été pleine d'énergie dans la lutte, je n'avais plus aucune motivation et je n'avais plus envie de rien.

Mais à cette époque, je n'avais pas encore compris l'essentiel : la notion de justesse. Car si quelque chose ne marchait pas, c'était tout simplement parce que ce que je souhaitais n'était pas juste pour moi et n'était pas aligné avec celle que j'étais, au plus profond de moi. Si une porte se fermait, c'était parce qu'il y avait forcément une autre porte qui s'ouvrirait sur un chemin différent. Et que l'invitation qui était envoyée par l'Univers était celle du changement et de la transformation. Il me fallait alors comprendre que le schéma de vie qui avait fonctionné auparavant ne me correspondait plus, et que par conséquent il ne fonctionnerait plus jamais, car il était devenu obsolète et qu'il ne sonnait plus juste pour moi. Car tout a un temps, une époque, et appartient à une étape dans notre vie. Tout a un cycle. Et quand celui-ci se finit, il vaut mieux pour notre bien-être et notre santé mentale le reconnaître, en faire le deuil et passer à autre chose. Alors certes, le processus de perte et de deuil est difficile car douloureux, mais tout passe. Nous expérimenterons une montagne russe émotionnelle, mais le temps sera notre allié car il nous aide à guérir. On passera alors par l'état de choc, le déni, la colère, la tristesse et finalement par l'acceptation de cette fin de cycle. Et c'est grâce à cela que nous pourrons avancer et passer à l'étape suivante. En étant apaisé·e·s et serein·e·s, nous pourrons alors démarrer un tout nouveau cycle.

Et lorsque l'on comprend cela, TOUT change. C'est en prenant de la hauteur, du recul, et en se décentrant de soi-même que l'on arrive à comprendre que l'Univers n'est pas contre nous mais bien AVEC nous. On apprend alors à ne pas prendre les choses de manière personnelle, car on est capable de donner du sens à tous ces événements et de les articuler les uns avec les autres. On les observe avec plus de sérénité car on se détache de son ego. Car non, nous ne sommes pas le centre du monde comme nous pouvons parfois le penser. Nous faisons juste partie d'un grand tout qui palpite, qui vibre et qui change constamment. Alors rien n'arrive contre nous. La vie danse avec nous et nous dansons avec elle. Sur une musique particulière, avec un rythme propre à chacun·e d'entre nous. Nous ne sommes pas les victimes de cette vague qui déferle sur nous, nous sommes la vague, car nous sommes énergie, mouvement et vie.

Le fait de comprendre cela nous enlève un grand poids et nous allège pour continuer à aller de l'avant. Et l'on se rend compte alors que c'est grâce aux obstacles que nous avons surmontés que notre vie a pris un tout autre tournant et que nous avons pu apprendre. Notre vision change et même les personnes qui nous ont dit non, et vis-à-vis desquelles nous avons éprouvé de la colère ou de la déception à un moment donné, montrent un tout autre visage. Car c'est parce qu'elles nous ont dit non que nous avons pu bifurquer et prendre un nouveau chemin. Ce n'est plus à cause d'elles, mais *grâce* à elles. Alors on arrive à ne plus les voir comme des ennemies mais comme des messagères annonciatrices d'un nouveau chemin. Ce qui nous semblait sombre devient alors lumineux, car cela nous aura permis de changer et d'être désormais à notre juste place. En changeant notre perception et notre langage, tout change car nous créons une nouvelle réalité. La nôtre, celle qui sonne et qui est juste pour nous.

Comprendre notre relation avec l'Univers nous permet de mieux appréhender nos vies et de les remettre en perspective. Alors aujourd'hui, je suis capable de dire MERCI. Merci à la Vie, à l'Univers et à toutes ces personnes qui m'ont semblé me manquer de respect et qui ont trahi ma confiance à un moment précis de ma vie. Toutes ces personnes qui, d'une façon ou d'une autre, m'ont claqué la porte au nez, que ce soit dans le domaine sentimental, familial ou professionnel. Car elles m'ont permis de me tourner vers de nouveaux horizons et de me rendre compte qu'il y avait une raison à tout cela. Et que le chemin vers lequel j'avançais n'était tout simplement pas celui qui était juste pour moi. À leur façon, elles m'ont signalé que le chemin que j'étais sur le point d'emprunter à leurs côtés n'était pas le plus juste pour moi et qu'il y en avait un autre qui me correspondait davantage.

Elles m'ont appris aussi à poser des limites, à comprendre ce qui était acceptable et ce qui ne l'était pas. Et grâce à elles, j'ai aussi appris à me respecter.

Lorsque j'ai compris que tout avait une raison d'être, ma vie a changé et je me suis transformée car je ne la subissais plus, mais je choisissais de la vivre. Pleinement. J'assumais mes choix et je prenais mes responsabilités. Je n'étais plus une victime au sein de l'Univers, mais une actrice qui vivait avec intensité cette histoire qu'il lui avait été donné de vivre. Car choisir d'être acteur·rice de sa vie nous connecte à notre plein pouvoir. Et face aux obstacles, nous activons cette merveilleuse capacité que nous avons tou·te·s en nous : la résilience. C'est ainsi que nous décidons en pleine conscience de rebondir, car chaque expérience que nous vivons est une opportunité pour apprendre et grandir. Si nous n'apprenons pas d'une expérience, elle se présentera de nouveau à nous à plusieurs reprises sous des formes différentes jusqu'à ce que nous comprenions enfin et c'est uniquement à ce moment-là qu'elle cessera de revenir vers nous. Et c'est en cela que l'on peut parler de schémas répétitifs et de situations qui semblent se reproduire sans arrêt dans nos vies.

Vous est-il arrivé de sentir que vous étiez confronté·e constamment à des situations similaires ? Ou que vous tombiez sur le même style d'individu à chaque fois ? Et que vous vous formuliez des questions comme celles-ci : « Mais pourquoi faut-il que je rencontre toujours des personnes comme ci ou comme ça ? Pourquoi rien de ce que j'entreprends ne fonctionne ? Pourquoi est-ce que cela finit toujours comme ça ? »

Et bien tout simplement parce que le chaos est l'ordre parfait. L'effondrement peut être une grande opportunité pour reconstruire. J'aime beaucoup cette phrase de Joanna Macy : « Maintenant, à l'heure de l'effondrement, nous vivons le moment le plus délicieux. Nous devons tous tomber amoureux. Tomber amoureux de ce qui est. Et ce qui est, est merveilleux. »

Ce qui peut sembler chaotique mérite d'être vu et analysé. Alors les questions à se poser changent et deviennent tout autres : « Qu'y a-t-il derrière tout cela ? Qu'est-ce que la Vie, l'Univers sont en train de me dire ? N'y a-t-il pas quelque chose que je ne vois pas, car trop évident à mes yeux ? Ou bien suis-je dans un déni tel que je ne suis pas capable de le voir ? Ou bien peut-être que je n'ai pas envie de le voir ? Par peur ? Parce que je n'ai pas envie de sortir de ma zone de confort ? Parce que cela impliquerait de prendre des risques, de tout changer ? »

Parfois, cette situation qui se présentera à nous sera déjà connue et évidente, et il nous sera alors facile de la repérer, mais parfois elle nous apparaîtra d'une manière moins évidente, presque déguisée. Car l'Univers aura besoin de s'assurer que nous sommes prêt·e·s à changer, et c'est alors que les choses elles-mêmes changeront. Ces situations pourront se présenter maintes fois jusqu'à ce que nous comprenions, et que nous ayons cette fameuse révélation qui nous permettra d'être capables de nous rendre compte que ce que nous pensions être juste jusque-là ne l'est en fait pas ou plus. Et alors tout changera. Car cette prise de conscience est la clé pour déverrouiller les situations qui semblaient complètement bloquées. Et il s'agit d'un maillon essentiel pour notre évolution. Nous ne pouvons pas évoluer sainement dans le déséquilibre. Si nous le faisons, l'Univers nous rappellera à l'ordre pour que nous puissions nous réaligner et retrouver cet équilibre intérieur qui est nécessaire à notre bien-être.

L'enjeu de nos vies est de trouver cet équilibre et de composer avec celui-ci. De rééquilibrer notre balance intérieure. Parfois, il nous est facile de repérer où se situe ce déséquilibre, et parfois nous n'arrivons pas à le voir. Nous ressentons un mal-être, mais n'arrivons pas à identifier d'où il provient. C'est là l'un des défis que nous envoie l'Univers. Peut-être arriverons-nous à trouver cet équilibre seul·e·s, ou peut-être sera-t-il nécessaire de nous faire aider. Par un ami, par un thérapeute, par un parent, par ce qui résonnera juste pour vous à ce moment-là.

Quoi qu'il en soit, l'Univers est toujours là pour nous et il suffit juste d'éveiller nos sens et d'observer ce qui se passe autour de nous pour s'en rendre compte. Comment pourrait-il en être autrement puisque nous faisons partie de l'Univers et qu'il est bien en chacun de nous ? Car nous sommes tou·te·s constitués de poussières d'étoiles. Celui-ci dialogue constamment avec nous. Au travers de signes, de messages, de synchronicités. Pensez à toutes ces coïncidences qui vous interpellent et vous font réfléchir. Cette personne à laquelle vous pensiez et qui vous appelle juste au moment où vous en aviez le plus besoin comme si elle avait lu dans vos pensées, ou ce mot magique qui apparaît dans une conversation ou dans un film et qui vous permet de prendre enfin cette décision que vous repoussiez, ou encore cette opportunité d'emploi qui arrive juste au bon moment, et ainsi de suite. Les événements ne relèvent donc pas de la chance ou de la malchance. Car comme le disait Paul Éluard : « Il n'y a pas de hasard, il n'y a que des rendez-vous. » Quand nous réalisons que nous pouvons avoir accès à ce monde invisible, nous sommes dans un processus d'élévation et d'éveil de notre spiritualité. Car oui, nous sommes tou·te·s des êtres potentiellement spirituels. La spiritualité est en chacun de nous. Elle s'éveille lorsque l'on comprend que l'on fait tou·te·s partie d'un grand tout, d'une unité bien plus grande que nous. Et qu'un lien invisible et mystérieux nous relie à ce monde.

Chaque pas que nous ferons nous permettra alors d'être davantage aligné·e·s avec nous-mêmes et avec le monde qui nous entoure. D'être dans notre justesse. Car il s'agit de cela. D'avoir l'acte juste, la pensée juste, la posture juste. Avec nous-mêmes, bien sûr, mais aussi avec les autres. Car dans ce grand tout qu'est l'Univers, nous sommes tou·te·s relié·e·s les un·e·s aux autres. Même si bien souvent nous pensons le contraire. Car oui, ce que nous faisons a bel et bien un impact sur les autres.

L'année 2020 en est la preuve flagrante, non ? Ce qui a pris naissance en Chine s'est répandu sur toute la planète à une vitesse folle. Alors, « le battement d'ailes d'un papillon au Brésil peut-il provoquer une tornade au Texas ? », comme l'avait questionné Edward Lorenz ?

Nous avons toujours la possibilité de choisir, car nous avons notre libre arbitre. L'Univers propose et nous disposons. Alors qu'allez-vous choisir ? De construire ou de détruire ? De faire le bien ou le mal ? D'aimer ou de détester ?

Et vous, qu'allez-vous décider de vivre et de vibrer au sein de l'Univers ? Car une fois encore, cette décision n'appartient qu'à vous.

Chapitre 2

L'Énergie de l'Amour

« Tout l'univers obéit à l'Amour. Aimez, aimez,
tout le reste n'est rien. »

Jean de La Fontaine

Que j'aime cette citation ! L'Amour est partout. Nous sommes Amour. Il est la pierre angulaire de notre identité et de notre mode de construction au cours de cette vie.

Ici, je parlerai de l'Amour avec un grand A car il englobe tout : l'Amour de soi, des autres, pour ses enfants, pour son couple, pour ses passions, pour la vie, pour les plaisirs, pour son travail, etc. L'Amour est un sentiment profond certes, mais il s'agit tout d'abord d'une énergie qui circule et qui se transmet des un·e·s aux autres. D'une énergie si puissante que lorsqu'elle est présente dans notre vie, elle nous propulse vers le bonheur. On se sent fort·e, grand·e, invincible et on a l'impression que le monde nous appartient. À l'inverse, si cette énergie est absente, on a souvent le sentiment que la vie est dénuée d'intérêt, on ressent un mal-être profond, on se sent tout·e petit·e ; on tombe alors rapidement dans une spirale infernale de manque d'estime de soi et de confiance en soi, qui finira par ternir notre vie d'un voile gris et morne et qui pourra nous pousser, dans les cas plus extrêmes, au bord d'un abîme. L'Amour est la vibration la plus haute en termes d'énergie. Il nous permet de survivre, car sans Amour sur cette planète, aucun·e de nous ne serait là aujourd'hui.

J'ai mis très longtemps à comprendre que l'Amour était une énergie qui pouvait défaire les nœuds qui pouvaient apparaître au cours de sa vie. Jusque-là, je le voyais comme un sentiment mais pas comme une force : j'aimais quelqu'un ou pas, j'éprouvais ce sentiment ou pas. Il existait ou pas, et point final. Il ressemblait presque à une sorte d'étiquette statique, collée sur moi à travers le temps. J'en ai bien évidemment ressenti la force et la puissance lorsque je suis tombée amoureuse et que j'ai vécu des histoires passionnelles, mais j'étais encore loin de comprendre la transcendance de l'amour et comment celui-ci pouvait nous porter à accomplir des choses extraordinaires.

J'aimerais partager avec vous cinq expériences qui sont significatives pour moi et qui vous feront mieux comprendre la puissance de cette énergie.

La première fois où j'ai expérimenté la transcendance de l'Amour a une date précise : celle du 18 février 2009. Cette date restera gravée pour toujours dans ma mémoire et dans mon corps, car c'est le jour où je suis devenue mère pour la première fois. J'ai désiré cet enfant comme jamais je n'avais désiré quelque chose auparavant dans ma vie : avec ferveur, avec toute mon âme, avec tout mon corps et avec tout l'amour que j'éprouvais pour mon mari. Dès lors que nous avions décidé de devenir parents, j'avais fait l'amour d'une manière différente, unique, en me sentant plus femme que jamais, car je savais que je pouvais tomber enceinte à n'importe quel moment. C'était une sensation délicieuse que de penser que je détenais un pouvoir magique : celui de créer la vie avec l'homme que j'avais choisi pour être le père de mes enfants. Alors oui, cet enfant a été conçu dans l'amour le plus total, le plus absolu. Pendant des semaines, nous avons fait l'amour avec passion, sans relâche, nous donnant tout l'amour que nous éprouvions l'un pour l'autre. J'ai vécu chacun de ces moments comme quelque chose de sacré, d'unique, car à chaque fois que nous

nous aimions, nous pouvions concevoir la vie grâce à la puissance de cet amour. Je me sentais belle, pleine de désir, complètement connectée à la puissance de mon féminin.

Au bout de quelques semaines, j'avais devant les yeux la consécration de notre amour : deux lignes sur le test de grossesse, qui confirmaient que j'étais bien enceinte. J'ai alors vécu ma grossesse sur un petit nuage. J'ai profité de chaque instant, de chaque changement qu'expérimentait mon corps. J'ai vu mon ventre s'arrondir, mes seins s'alourdir, je me métamorphosais au fil des mois et je sentais mon fils grandir en moi. J'étais radieuse, épanouie et tellement heureuse. Je me sentais belle et désirable. Mes sens étaient exacerbés et je savourais la vie avec une intensité inconnue jusqu'alors. J'avais envie de tout : de manger, de rire, de faire l'amour, de regarder mon corps dans le miroir, de voir comment celui-ci changeait, mutait. Mon énergie vitale était décuplée. Je portais la vie : quoi de plus important ?

Et puis le grand jour est arrivé : j'ai accouché d'un beau petit garçon en pleine santé qui s'est présenté trois semaines avant la date prévue. Et je n'ai pas été l'exception à la règle, car j'ai enfanté comme toutes les femmes depuis la nuit des temps : dans la douleur la plus extrême et la plus animale qui soit. Sans doute l'une des plus grandes douleurs qu'un être humain puisse expérimenter. Une douleur qui ne cesse de croître et que rien ne semble pouvoir arrêter. Qui m'a tenue à sa merci pendant de longues heures avant que la péridurale ne vienne m'en délivrer. Hélas, le répit a été de très courte durée, car juste après la naissance de mon fils, j'ai souffert de graves hémorragies. J'ai alors appris à mes dépens que cinq pour cent des femmes pouvaient passer par ce que l'on appelle l'inertie utérine, et que j'en faisais malheureusement partie. J'étais arrivée dans l'insouciance à la clinique avec un beau ventre afin de donner vie à un enfant, et je me retrouvais en l'espace de quelques heures à batailler pour ma propre vie. Mon fils a alors disparu de mon existence, et moi de la sienne, pendant vingt-quatre heures. Des heures qui m'ont semblé être une éternité. Je ne comprenais pas comment ce qui semblait être un paradis s'était transformé en enfer en quelques minutes. J'ai bataillé et lutté de toutes mes forces pour m'en sortir. Mon corps se vidait de son sang, je me sentais partir, mais je me disais qu'il fallait que je rassemble le peu de forces qui me restaient pour demeurer en vie. Pour revoir mon fils. Par amour pour lui.

Vingt-quatre heures après l'accouchement, après avoir subi une intervention et une transfusion sanguine, j'ai été ramenée dans ma chambre et j'ai pu retrouver mon fils. Une infirmière l'a sorti de son berceau et l'a déposé doucement sur ma poitrine. Alors j'ai ouvert ma blouse tant bien que mal et je l'ai mis sur mon sein pour le sentir au plus près de moi. Pour sentir la chaleur de son corps, son souffle. Pour sentir que j'étais bien vivante et que rien ni personne ne pourrait m'enlever le bonheur de ce moment précieux. Et puis j'ai pleuré. En silence, profondément. Intensément. Des pleurs qui venaient du plus profond de moi, de mes entrailles. Parce que j'avais expérimenté dans ma chair tout le sens de cette phrase qui dit que la vie ne tient qu'à un fil. Que tout peut basculer d'une seconde à l'autre, et que rien n'est acquis pour toujours. Qu'on pouvait jouer sa vie à pile ou face à tout moment et qu'on n'y pouvait rien.

Avoir vécu cette expérience a fait jaillir en moi une force nouvelle, puissante : celle d'une femme devenue mère. Celle d'une lionne qui se battrait jusqu'à la fin des temps pour défendre ce qui lui appartient, le tout porté par l'Énergie de l'Amour. Parce que l'Amour a été le moteur qui m'a permis de me battre et de rester auprès de mon fils. Une énergie qui, malgré la douleur, m'avait permis d'être déterminée et de rester auprès de lui.

La deuxième fois où j'ai expérimenté cette énergie dans toute sa force, c'est lorsque j'ai perdu pour la première fois de ma vie un être cher. Une expérience terrifiante et transformatrice à la fois. C'était mon premier amour. Un homme que j'avais connu lorsque j'avais 16 ans et que j'ai adoré, vénéré. Que j'ai aimé si fort que j'aurais pu mourir pour lui s'il l'avait fallu, car il n'y avait que lui qui comptait pour moi. On s'est aimés si fort que cet amour est parvenu à transcender le temps et l'espace, malgré le fait que je l'aie quitté pour aller vivre au Chili à l'âge de 18 ans. Nous ne nous sommes jamais revus. Nous avons quelquefois échangé par téléphone et puis nous nous sommes éloignés l'un de l'autre. Mais il ne m'a jamais vraiment quittée, car il faisait partie intégrante de moi. Il n'y a pas eu un seul jour de ma vie dans lequel il n'ait été présent. Il a toujours occupé mes pensées et une grande place dans mon cœur. Il venait même me rendre visite dans mes rêves, et chaque fois que je l'y retrouvais, la puissance de notre amour était intacte.

J'ai appris son décès lorsque je venais d'accoucher de mon troisième enfant au Chili. Éros et Thanatos ne sont jamais bien loin l'un de l'autre, comme le disait notre cher Freud. Cette nouvelle m'a anéantie. J'ai ressenti un vide terrifiant, car j'ai pris conscience que je ne le reverrais jamais. Même si je le voulais, même si je prenais l'avion pour aller le voir à Paris. Jamais. C'était fini. Je ne reverrais plus jamais son visage et son sourire. Il n'existait plus. Respirer me coûtait, car je me connectais à des sensations que je n'avais jamais expérimentées jusque-là. L'air qui entrait dans mon corps me remuait tout entière, me faisait mal. J'ai pleuré pendant des jours. Je sentais que mon cœur était littéralement brisé et je ressentais des douleurs lancinantes dans ma poitrine. Des souvenirs remontaient à la surface : son sourire, sa peau, sa beauté, notre amour, nos corps enlacés, nos baisers, la passion dévorante que nous ressentions l'un pour l'autre. Ces pensées n'étaient que vie au milieu de la mort. Et puis je m'en suis voulu. Terriblement. De l'avoir quitté et de n'avoir jamais cherché à le revoir alors que j'aurais pu le faire. Mais maintenant il était trop tard et je ne pouvais rien y faire. Je me sentais impuissante face à des émotions qui me dépassaient. Et puis le temps est passé, et comme pour tout dans la vie, il a fait son affaire. Le chagrin a laissé peu à peu place à l'acceptation. Je me suis rendu compte qu'en fait son absence s'était déjà matérialisée depuis plusieurs années, car je ne l'avais jamais revu depuis que nous nous étions quittés. Et pourtant j'avais continué à l'aimer. Il avait continué à exister en moi. Et il en serait de même maintenant qu'il n'était plus. Au fond rien n'avait vraiment changé, car l'amour ne meurt pas, il transcende bel et bien le temps et l'espace. Cette énergie ne disparaîtrait pas avec sa mort, elle se transformerait et continuerait à être là, dans ma vie. Et il en est ainsi encore aujourd'hui. Il continue à vivre en moi, au travers des souvenirs que j'ai avec lui, au travers de photos, de lettres et d'un roman que j'ai écrit sur notre histoire d'amour. Parce que nous nous sommes aimés si fort que rien ni personne ne peut rien y changer. L'Amour ne meurt donc jamais.

La troisième fois où j'ai expérimenté l'Énergie déferlante de l'Amour, c'est lorsque j'ai écrit mon premier ouvrage : *Le Petit Oracle des Guidances Étoilées*. Celui-ci est né dans l'Amour le plus total et le plus pur : celui que j'ai pour mes enfants. Ce petit oracle a jailli en moi du plus profond de mes entrailles. Il est imprégné d'une sagesse intérieure que je ne me connaissais pas encore. Je l'ai écrit en quelques heures. Les mots sortaient directement de mon cœur avec fluidité. Ils étaient en moi, et la plume venait les libérer. J'ai eu le sentiment que cela était juste, pour moi et pour mes enfants, car je souhaitais leur laisser une trace écrite de tout ce que j'avais appris jusque-là. Il s'agit donc d'un héritage plein d'amour pour eux, en leur léguant des conseils afin qu'ils puissent avancer sereinement dans leur vie. Car j'avais envie de les accompagner au-delà du temps et de l'espace, notamment quand je ne serai plus là. Ainsi, je pourrai continuer à veiller sur eux du haut des étoiles. Je l'ai écrit pour eux, mais aussi pour vous. Pour cet Autre qui a besoin d'une orientation. D'un mot qui lui permettra d'amorcer une réflexion et d'avancer. Ces mots qui arrivent juste au moment où l'on en a le plus besoin. Car l'Univers nous envoie cette synchronicité magique que nous attendons, pour caresser notre âme et nous rendre la vie plus douce en nous chuchotant à l'oreille : « Tu vois, tu n'es pas seul·e, je suis là. »

La quatrième fois où j'ai expérimenté la puissance de l'Amour, c'est lorsque je me suis détestée. Si fort que je ne voulais plus vivre pour voir quelle serait la suite de ma vie. Je suis passée de l'amour de moi à la haine de moi en quelques années. J'ai réalisé que j'avais commis de graves erreurs et que j'en payais à ce moment-là de lourdes conséquences. Je m'en suis voulu, car les erreurs commises auraient pu être évitées, ce qui les rendait d'autant plus impardonnables. Car oui, j'avais été impulsive, trop sûre de moi, ignorant les conseils et les mises en gardes qu'avaient formulées mes proches, car je pensais savoir exactement ce que j'avais à faire et j'étais convaincue que les choix que je faisais étaient les meilleurs. J'ai vécu une descente aux enfers, où chaque jour devenait plus sombre que le précédent, où j'étais si désemparée que je n'arrivais même plus à réfléchir à des solutions. Je n'avais plus aucun espoir et je me sentais projetée dans un gouffre dont il me semblait ne plus pouvoir sortir. Je ne m'aimais plus. Alors ma mère et mon ex-mari m'ont aidée en me donnant tout l'Amour dont j'avais besoin. Un Amour qui a pris les traits du réconfort, du pardon et de la compassion. Parce qu'ils m'aimaient sans me juger. D'une manière inconditionnelle. Parce que j'étais moi. Un être humain imparfait avec ses qualités et ses défauts, avec ses réussites et ses échecs. Leur seul objectif était de me soutenir au fur et à mesure, en me donnant tant d'amour que grâce à lui je pourrais recommencer à m'aimer et me relever. Un peu d'abord. Et puis un peu plus, et encore un peu plus et ainsi de suite. Pas à pas. Un jour après l'autre. Comme pour une convalescence où l'on comprend que l'autre est faible et qu'il a besoin de temps pour se remettre sur pied. Je leur dois la vie, car jour après jour je me suis reconstruite. Et grâce à eux, j'ai appris à me regarder autrement : avec compassion et bienveillance. Moi qui croyais être au-dessus de tout, avoir réponse à tout et n'avoir besoin de personne, je me suis vue comme j'étais réellement : imparfaite, apeurée, pleine de failles mais aussi pleine de qualités et de ressources. J'avais osé demander de l'aide pour la première fois de ma vie, et j'en avais reçu. J'avais fait preuve d'humilité et j'avais accepté de ne pas être capable de surmonter cette situation toute seule. J'avais compris que c'était trop compliqué et trop dur pour moi, et que j'avais besoin de poser ma tête sur l'épaule de quelqu'un et de me laisser consoler et réconforter. Je me suis alors connectée pour la première fois de ma vie à la vulnérabilité. À mon énergie Yin. À la douceur. J'ai appris à tout lâcher : les peurs, les préjugés, les injonctions, pour pouvoir me mettre à nu et me laisser porter par la puissance de l'Amour. Par cette force si incommensurable qu'elle peut déplacer des montagnes.

Cette dernière expérience a tout changé dans ma vie. J'ai enfin compris qu'aimer vraiment, c'était accepter l'autre comme il est. Sans le juger. Sans chercher à le changer. L'aimer aussi bien dans la détresse que dans l'allégresse. Être là pour lui quand le besoin s'en fait sentir, et savoir s'effacer quand il le faut. Que grâce à l'Énergie d'Amour, on pouvait porter l'autre vers le bien-être et l'accompagner. Et qu'il en était de même pour soi. Que cet amour était inconditionnel car il n'attendait rien en retour. Si, une seule chose : qu'on aille mieux et qu'on puisse s'aimer à nouveau.

Alors j'ai cessé de juger. Car je le faisais constamment. Avec moi bien sûr, mais aussi avec les autres. Cela me rendait froide et exigeante. Je qualifiais de bien ou de mal ce qui avait été dit ou réalisé. J'étais donc incapable de compatir à la souffrance de l'autre. J'étais implacable. Je la contemplais du haut de ma tour mais ne l'accueillais pas. Modifier ce paradigme a tout changé dans ma vie. Vis-à-vis de moi-même, de mes enfants, de mes ami·e·s, des autres tout simplement. J'écoute, j'observe et j'accueille. J'entends ce que me dit cet Autre et je l'accepte. C'est ainsi que je me connecte à lui. Que je suis capable de voir son âme. Et d'entreprendre un dialogue et une conversation fondés sur sa vérité et non sur la mienne. Je peux alors trouver la brèche pour plonger dans les profondeurs de son âme afin de l'appréhender dans toute sa complexité et sa richesse.

Et ce quatrième point dont je vous parle a donné vie tout naturellement au cinquième point : mon nouveau compte Instagram, lancé en septembre 2021 à l'occasion de la rentrée. Il s'agit de « partage_moi_ton_histoire ». Une fois encore, c'est un projet qui est né par Amour. Pour faire circuler entre nous tou·te·s cette énergie. Il est né d'une profonde réflexion, car je sentais depuis quelque temps que quelque chose commençait à sonner faux en moi. J'expérimentais un désalignement, un déséquilibre entre ce que je ressentais et ce que je pensais devoir communiquer via les réseaux sociaux. Jusque-là, je m'étais positionnée comme une psychologue qui donnait des conseils, des recettes très générales et non pas adaptées. J'observais la stratosphère des réseaux sociaux et je sentais que je n'avais aucune valeur ajoutée par rapport à d'autres comptes similaires. J'avais l'impression que tout le monde disait la même chose et produisait les mêmes contenus. Et tout cela prenait la forme de clichés, répétés d'un compte à un autre mille et une fois. Peu à peu, j'ai été écœurée par tous ces contenus de développement personnel qui invitaient sans cesse à l'injonction de l'épanouissement et du bien-être à partir de ce que l'auteur du compte partageait. Cela ne résonnait plus en moi. Alors, de manière très intuitive, je me suis éloignée des réseaux sociaux pendant quelques mois et je suis allée chercher en moi ce qui me dérangeait. Je suis alors retournée à ma source. Qui étais-je ? Quelle était ma mission de vie ? Qu'est-ce qui me faisait vibrer ? De quoi avais-je envie ? Et puis, au bout de quelque temps, la réponse est apparue comme une évidence : je ne voulais plus parler de moi mais de vous. Car ce sont les autres qui m'intéressent. C'est VOUS qui m'intéressez ! Ce sont vos histoires que je souhaite découvrir. En ce qui me concerne, j'ai écrit un oracle et j'écris aujourd'hui ce livre pour vous parler de moi et de mon histoire, dans la seule perspective de pouvoir vous inspirer et vous aider. Et c'est tout. Ce que j'ai à raconter à mon sujet se trouve dans ces deux ouvrages. Et c'est largement suffisant. Maintenant, je ressens le besoin de passer à une nouvelle étape, et c'est tout le sens de ce compte Instagram. À quelque chose de différent qui me permettra de me réaligner avec mon essence, avec ma mission de vie. Car oui, j'ai besoin et envie de vous écouter. D'accueillir vos témoignages. Sur quoi ? Sur ce que vous voudrez partager. Avec cette communauté qui a besoin de l'Autre pour nourrir son âme. Pour grandir et s'épanouir. Je souhaite vous offrir un espace qui sera le vôtre. Dans lequel vous pourrez VOUS raconter, car votre histoire est riche et mérite d'être entendue.

Pourquoi faire toujours intervenir les mêmes personnes sur les réseaux sociaux ? Dans les émissions de radio ? À la télé ? Parce qu'elles sont connues ? Parce qu'elles ont réussi et qu'elles représentent des *success stories* ? Et qu'en est-il du reste ? Des personnes comme vous et moi ? Qui ne sont pas connues mais qui ont des choses à donner aux autres ? Qui souhaitent les partager avec générosité ? Ne peut-on pas échouer et avoir des choses à dire ? Ne peut-on pas être un·e parfait·e inconnu·e et avoir des expériences intéressantes à partager ? Est-on voué·e à rester dans l'ombre et dans l'isolement ? Avec des histoires et des parcours de vie qui pourraient inspirer les autres ? Les faire avancer ? Qui permettent de se relier les un·e·s aux autres ?

C'est pour cette raison que je crée ce compte. Pour VOUS. Pour que, tou·te·s ensemble, nous libérions et démocratisions la parole. On peut tou·te·s s'exprimer et dire ce que l'on a à dire. Nous sommes tou·te·s égaux·ales dans la parole. Et puis, je me suis toujours dit que si un jour j'étais vraiment connue, j'utiliserais cette notoriété pour faire passer les messages de celles et ceux qui n'ont pas cette visibilité. Pour dire tout haut ce qui est dit tout bas, pour défendre des causes, pour faire bouger les lignes, pour militer par Amour et dans l'Amour. Mais toujours en lien avec l'autre. J'ai à cœur de devenir la partie visible de l'iceberg et d'être votre porte-parole sur des sujets qui sont importants pour vous. Alors pour toutes ces raisons, j'ai créé « partage_moi_ton_histoire », qui est un projet qui VOUS inclut et qui ne peut exister sans vous. Il avancera avec vous, si et seulement si le projet vous intéresse et sonne juste pour vous.

J'ai donc mis très longtemps à comprendre que l'Amour n'était pas qu'un sentiment, mais bel et bien une énergie porteuse, qui nous fait avancer et qui fait tourner le monde. L'année 2020 a été une sorte de révélation : cette année-là, nous étions confiné·e·s, privé·e·s du monde extérieur, mais il subsistait malgré tout une énergie puissante que rien ni personne, ni aucune distanciation sociale ni aucun geste barrière ne pourrait effacer ni détruire : l'Amour. Pour soi, pour nos proches, nos anciens, nos enfants, pour les autres. L'Amour est ressorti encore plus fort et grandi de cette crise planétaire que nous avons vécue et que nous vivons encore. Cette énergie vitale a décuplé ses pouvoirs pour nous unir les un·e·s aux autres, nous faire comprendre que nous avons besoin les un·e·s de autres et que nous appartenons tou·te·s à un grand tout. Que nous faisons tou·te·s partie d'une unité et que nous en constituons l'essence.

Alors aujourd'hui, dans les beaux moments de la vie, je vibre l'Amour et, dans les situations difficiles, je me recueille dans l'Amour. Je mobilise cette énergie en priant. En me concentrant, en me rechargeant de cette énergie vitale pour la sentir couler dans mes veines et inonder mon corps tout entier. Car l'Amour est une énergie qui nous porte et qui nous invite à danser avec la Vie. Au rythme de ses saisons et de ses cycles. Au plus haut comme au plus bas. L'Amour est toujours là, en nous. Prier à partir de l'Amour, c'est vibrer l'abondance et l'attirer à soi. Je n'appartiens à aucune religion, mais je prie souvent pour remercier ou pour demander de l'aide quand je me sens perdue. Je formule des prières avec mes propres mots, ceux qui viennent du cœur. Dans les pires moments de ma vie, ceux où mon mental faisait le triste constat que tout était perdu, mon cœur m'invitait à prier et à espérer. À me connecter avec la foi et avec l'espoir. Et à croire fermement en la Vie. À croire que l'Univers peut exaucer nos vœux les plus chers, s'ils viennent du cœur et sont portés par l'Énergie d'Amour. Que si l'on vibre cette énergie, alors elle nous revient sous forme de miracles ou de cadeaux de la vie. Et il en a été ainsi. J'ai alors compris l'importance de la foi, de se rattacher à quelque chose quand on se sent perdu·e, d'y croire et surtout de le vibrer et de l'incarner.

Un de nos défis majeurs est de réussir à vibrer l'Amour malgré la peur que l'on peut ressentir dans certaines situations compliquées. Car la peur paralyse et tétanise. Alors que l'amour nous mobilise, libère et épanouit. L'important ici est de reconnaître la peur, car comme toute émotion, elle a une valeur adaptative et de survie pour notre espèce. En effet, elle nous incite à fuir en cas de danger, pour notre sécurité. Si nous ne fuyons pas, nous serons dévoré·e·s par une situation problématique ou bien par cet Autre qui peut vouloir nous faire du mal. Mais la peur peut être invalidante si l'on ne rebondit pas sur elle. Et pour rebondir, il faut agir vite.

Je vous fais part de cela car j'ai senti plus d'une fois que des situations déjà vécues se reproduisaient, et elles me faisaient très peur. Je paniquais, je tremblais de la tête aux pieds et je restais bloquée dans cette énergie de crainte. Or la peur est une énergie à vibration basse qui nous empêche d'avancer. Mais si l'on prend conscience de cela, on peut alors surfer sur elle pour aller vibrer plus haut et se rapprocher de l'Amour, qui est la vibration la plus forte en termes d'énergie. Et nous avons tou·te·s ces ressources en nous pour aller de l'avant. Il faut juste se faire confiance et ne pas céder à la tentation de succomber à la peur. Car une fois encore, l'Univers nous teste au travers de ces situations pour savoir si nous avons bien compris son message.

Aujourd'hui, face à des situations stressantes, je suis capable de me contenir, de reconnaître qu'elles me font peur, et je décide consciemment de vibrer l'Amour, car j'ai compris qu'à travers cela j'ai un apprentissage à effectuer. Et puis je me dis que dans l'Amour, tout va bien se passer.

La clé, c'est aussi ne pas donner du pouvoir aux événements ou aux autres, car nous sommes les seul·e·s à décider de l'importance que nous leur attribuons. Ils n'auront de l'importance que si nous leur en accordons. C'est ce que nous décidons de croire qui est important, et heureusement cela dépend de nous.

Alors nous sommes Amour si nous le vibrons, si nous le projetons, si nous l'irradions. C'est là que nous élevons notre taux vibratoire dans sa plus haute fréquence et que notre corps expérimente de délicieuses sensations. Diverses et variées, mais toujours riches et nourrissantes pour notre âme et notre corps. L'Amour nous permet de nous réaligner et d'agir avec justesse. Nous avons ce merveilleux pouvoir en nous et nous pouvons l'activer à n'importe quel moment. Pour soi, pour un proche ou pour cet Autre qui en a tant besoin. L'amour est abondance, et je suis persuadée que nous n'évoluerons que si nous avançons main dans la main, en créant des communautés et des moments de partage. Parce que nous avons tou·te·s besoin les un·e·s des autres.

Alors je vous invite à faire circuler cette Énergie d'Amour dans votre vie, à l'intérieur de vous et dans les diverses communautés dont vous faites partie. Soyez Amour et vibrez l'Amour.

Car c'est ainsi que nous pourrons changer le monde.

Chapitre 3

S'aimer pour toujours et ne jamais se laisser tomber

« S'aimer soi-même est le début
d'une histoire d'amour qui durera toute une vie. »

Oscar Wilde

Quand nous parlons d'Amour, nous pensons généralement à l'Amour pour l'Autre, mais très rarement à l'Amour de Soi. Or, pour pouvoir comprendre ce qu'est l'amour, il est tout d'abord nécessaire de s'aimer. Par ailleurs, sans Amour de Soi, il semble très difficile de pouvoir donner de l'amour aux autres, car on ne peut pas donner ce que l'on ne connaît pas ou ce que l'on n'expérimente pas. Cela semble une évidence, et pourtant ça n'en est pas une. Pourquoi ? Parce qu'on n'en a pas conscience ? Parce que s'aimer soi-même est synonyme de vanité ? Parce qu'on ne nous l'a pas enseigné lorsqu'on était enfant ? Parce que l'on passe beaucoup de temps à se comparer aux autres ? Parce que l'on ne se connaît pas assez pour s'aimer vraiment ? Parce que c'est facile de s'aimer lorsque tout va bien mais si difficile de continuer de le faire quand tout semble aller mal ?

Et pourtant, s'aimer soi-même est le fondement de notre développement en tant qu'être humain, pour pouvoir construire et dérouler notre vie sur des bases saines et solides. Car oui, l'Amour de Soi garantit en grande partie notre survie au sens complet du terme. Une survie physique, psychique et émotionnelle. Si on ne s'aime pas, on ne se protègera pas et on pourra alors facilement se mettre en danger. Cela peut se traduire de mille et une manières : accepter d'être maltraité·e, d'être malmené·e, adopter des comportements autodestructeurs, tomber dans des addictions ou dans des relations de dépendance affective, enchaîner les relations toxiques dans différents domaines de sa vie, s'autosaboter de manière inconsciente, croire qu'on n'a pas le droit au bonheur, etc.

Ne pas s'aimer soi-même, c'est ne pas avoir une bonne estime de soi et ne pas avoir confiance en soi. Or comment allez-vous être heureux·se et épanoui·e si ces deux piliers ne sont pas présents en vous ? Pourriez-vous avancer sereinement dans la vie avec une personne pour laquelle vous n'avez pas d'estime et en qui vous n'avez pas confiance ? Non, bien sûr que non. Il en est de même pour vous.

Alors je vous pose ces questions : vous aimez-vous vous-même ? Aimez-vous la personne que vous êtes ? Je veux dire celle que vous êtes vraiment ? Avec vos qualités mais aussi vos défauts ? Avec vos craintes, vos peurs, vos blocages ? Quel regard portez-vous sur vous ? Est-il tendre, bienveillant, ou bien plutôt dur et intransigeant ? Vous aimez-vous vraiment ? Inconditionnellement ? Pour le meilleur mais aussi pour le pire ? Vous aimez-vous quand vous commettez des erreurs ? Êtes-vous capable de vous soutenir vous-même dans ces moments-là ?

S'aimer soi-même est un long cheminement, que j'ai également vécu et que je vis encore au quotidien, car c'est un travail à faire sur soi à vie ! On peut s'aimer à un moment et ne plus s'aimer l'instant d'après. Je me suis souvent aimée, mais aussi très souvent détestée. Que ce soit parce que je n'aimais pas mon physique à un moment donné ou bien des aspects de ma personnalité, ou parce que, en proie à une mauvaise gestion de mes émotions, je voyais la vie en noir et que cela déteignait bien évidemment sur mon estime de moi et ma confiance en moi. J'ai bien failli me laisser tomber à plusieurs reprises, mais au moment où je n'étais plus capable de m'aimer, j'ai reçu l'amour inconditionnel de mes proches, qui est venu raviver petit à petit mon Amour de moi-même. Cette flamme qui était sur le point de s'éteindre a donc pu revivre et briller de plus belle par la suite. J'ai eu beaucoup de chance, car j'aurais pu ne pas avoir le soutien de mes proches et l'histoire aurait sûrement été tout autre. D'où l'importance de bien comprendre ce point essentiel de notre développement personnel et d'apprendre à cultiver l'Amour de soi.

S'aimer soi-même est une faculté innée. Sans cela, nous ne pourrions pas survivre. Or cet Amour est mis à rude épreuve dès notre naissance, car le monde extérieur a un impact sur nous et vient sans cesse l'ébranler : notre famille, le système d'éducation dans lequel nous devons nous intégrer, les étiquettes qu'on nous colle, les histoires d'amour que nous vivons, la réussite et les échecs que nous expérimentons. Tout cela peut alimenter ou détruire cet amour, et il nous faut composer avec cela. On passe donc une grande partie de sa vie à construire et à reconstruire cet Amour de Soi quand il a été ébranlé ou détruit.

J'aimerais partager avec vous trois clés que j'ai découvertes, et qui sont essentielles, à mon sens, dans la préservation de cet amour :

✶ 1. Apprendre à se connaître

Pour être aligné·e avec l'Univers, avec la vie et avec vous, il faut être authentique. Être soi, tout simplement. Si facile à dire et si difficile à faire, n'est-ce pas ? Car qui est-on vraiment ? Le sait-on réellement ? Comment distinguer notre précieuse essence de toutes les injonctions avec lesquelles nous avons grandi et qui nous ont formatés ? Arriver à identifier ce qui vient de nous et ce qui provient de l'extérieur ?

Savoir qui on est vraiment est pour moi l'un des grands défis de notre existence sur Terre, car dans chacune des situations que nous vivons, nous avons l'opportunité d'accéder à une nouvelle partie de nous-mêmes. De nous surprendre et d'apprendre de nouvelles choses sur nous.

Dès notre naissance nous sommes soumis·e·s à des injonctions diverses et variées au fur et à mesure des étapes de notre vie. Au début, on arrive à distinguer ce qui vient du monde extérieur mais, sans même s'en rendre compte, on les intériorise et elles finissent par faire partie de notre identité. Plus les années passent, et plus il est difficile de démêler ce qui nous appartient vraiment de ce qui nous a été inculqué.

Pour être en phase avec soi-même et avec les autres, il est donc nécessaire de revenir à son essence pour rester dans l'authenticité et l'intégrité. C'est en se découvrant soi-même que l'on apprendra qui on est vraiment et quels sont les axes sur lesquels il nous faut travailler. Comme je l'ai déjà dit, les injonctions auxquelles nous faisons face sont diverses et variées, mais je me concentrerais dans un premier temps sur les cinq injonctions qui ont été décrites dans l'analyse transactionnelle.

Les connaissez-vous ? Si ce n'est pas le cas, les voici :

- **Sois parfait·e !**
- **Fais plaisir !**
- **Dépêche-toi !**
- **Fais des efforts !**
- **Sois fort·e !**

Nous avons tou·te·s grandi avec quelques-unes de ces injonctions. Quelles sont celles qu'on vous a assénées ? Et que vous suivez encore jusqu'à aujourd'hui ?

En ce qui me concerne, j'ai expérimenté tout l'impact de ces cinq injonctions.

J'ai grandi avec l'idée qu'il me fallait être parfaite et que je n'avais pas le droit à l'erreur. J'ai évolué au sein d'une famille qui recherchait l'excellence et avec un père terriblement strict et autoritaire, qui ne tolérait aucune erreur. Tout devait être parfait. Et par conséquent moi aussi. Je me souviens d'une remarque qui illustre très bien ce propos. Il s'agit d'un commentaire que me faisait très souvent mon père lorsque je n'atteignais pas la note de vingt sur vingt, mais presque. Je lui disais : « Mais regarde, j'ai eu presque vingt sur vingt. » Et lui me répondait : « Presque, ce n'est rien. Presque, ça n'existe pas, ça ne compte pas. » Alors j'ai grandi en me disant que si je n'étais pas parfaite, je n'étais rien. Que moi non plus, je n'existais pas. Que je n'avais pas le droit de me tromper ou d'échouer. J'ai alors vécu mes échecs de la pire manière qui soit. En me détestant pour avoir été aussi incapable. Et je me suis attribuée des adjectifs tous plus abominables les uns que les autres, ce qui a fait chuter mon estime de moi et ma confiance en moi. Et puis, au cours de ma vie, j'ai réussi à me rendre compte que je ne pouvais pas suivre cette injonction, car je n'étais pas parfaite et ne le serais jamais, parce que la perfection n'existe tout simplement pas. J'étais pleine de contradictions et d'imperfections, et alors ? Allais-je me lancer à la poursuite d'une chimère qui ne m'apporterait que souffrance ? Aujourd'hui, j'ai réussi à dépasser cette injonction, car je ne cherche pas à être parfaite mais à être moi-même, tout simplement : un être humain merveilleusement imparfait, et cela me va très bien. L'antidote à cette injonction est donc la compréhension et l'acceptation de l'imperfection. Et que tout est très bien ainsi.

Pour ce qui est de la deuxième injonction, afin d'éviter les conflits à la maison, ma mère m'inculquait le « Fais plaisir ». Car c'est ce qu'elle faisait au quotidien afin d'éviter des disputes au sein du foyer. Elle cherchait à faire plaisir à mon père par tous les moyens, même si cela allait à l'encontre de ce qu'elle souhaitait vraiment. Il lui fallait donc être gentille et docile. Et se taire bien sûr, ou alors bien peser ses mots avant de parler, pour éviter de froisser mon père. J'ai grandi avec cette injonction. Cependant, elle n'a pas vraiment eu d'emprise sur moi. Car je l'ai utilisée habilement, comme une arme de survie au sein de ma famille. J'ai cependant fait valoir ma voix à l'extérieur, en m'affirmant et en faisant ce que j'avais envie de faire et de dire, et peu importait si cela plaisait aux autres ou pas. Très tôt, je me suis rendu compte que je ne devais pas m'effacer et annihiler mon identité car je courais le risque de me perdre. J'ai donc vécu dans une sorte de dissociation pendant de nombreuses années, jusqu'à ce que je puisse enfin quitter mes parents et être pleinement celle que j'avais toujours été au plus profond de moi : quelqu'un qui ose dire les choses et qui n'est pas dans la complaisance. Faire plaisir aux autres, c'est courir le risque de s'oublier et ne pas s'écouter. De ne pas satisfaire ses propres besoins. Alors n'hésitez pas à vous faire plaisir et à cultiver vos propres émotions positives ; ne faites plaisir à l'autre que si vous en ressentez l'envie, car c'est en vous connectant à vos propres désirs que vous arriverez à dépasser cette injonction.

Le « Dépêche-toi » est une injonction contre laquelle je lutte encore au quotidien. Je marche vite, je lis vite, je mange vite. Car j'ai été élevée comme ça. Il ne fallait pas traîner, je ne devais pas être la dernière à table, il fallait se lever aux aurores même en vacances, presser le temps comme un citron afin d'avoir des journées bien remplies pour montrer qu'on était productif·ive et qu'on ne perdait pas son temps. Cela était renforcé par l'adage que mon père nous répétait tous les matins : « Le monde appartient à ceux qui se lèvent tôt. » Il fallait donc courir tous les jours et ma vie se conjuguait sans cesse au futur, car j'étais constamment en quête de ce qu'il fallait faire après. Dans mon cas, c'est une injonction qui est à double tranchant et que je dois modérer. Je suis intense et je vis la vie à mille à l'heure, car j'ai besoin d'être constamment en mouvement. J'enchaîne les tâches les unes après les autres, ce qui me fait me sentir extrêmement productive et performante. Mais la conséquence est que je conjugue bien souvent ma vie au futur et non au présent. J'ai pris conscience de cela avec le confinement. Car pendant cette période si spéciale, j'ai expérimenté une sorte de soulagement par rapport à la gestion du temps. Comme si celui-ci était resté suspendu et que je pouvais enfin prendre le temps de faire les choses et de les faire en pleine conscience. Le temps a semblé ralentir, et mon rythme de vie aussi. Alors je me suis rendu compte de l'importance d'être, et non plus seulement de faire. Je me suis autorisée à prendre du temps. Pour cuisiner, pour lire, pour travailler, pour aimer. Pour rester pleinement concentrée sur ce que je faisais sans penser à l'après. Car de quel après parlions-nous ? J'ai donc commencé à décliner ma vie au présent et j'ai ressenti un grand apaisement, j'ai commencé à me connecter au plaisir. Car être là en pleine conscience, c'est se donner l'opportunité de décupler le plaisir que l'on ressent. L'orgasme est le meilleur exemple que je puisse vous donner. Lorsque l'on jouit, on est pleinement là. On ne peut pas être ailleurs, car sinon on perd le fil de la jouissance et on perd la possibilité de ressentir pleinement ce plaisir si intense. Il en est de même pour les autres moments de la vie quotidienne. Si je bois un café, alors je savoure ce café et je suis ici et maintenant. Si je suis en train de parler avec une amie, je suis pleinement concentrée sur notre conversation. Je suis et je fais. Au présent. Je ne suis donc plus dans la formulation : « Il faut que je me dépêche, pour optimiser le temps au maximum et me sentir performante » Car en disant cela, je ne suis déjà plus ici. Le présent m'a échappé. Alors aujourd'hui, je m'autorise à prendre le temps qu'il faut sans courir après lui. Car au moment où j'écris ces lignes, le temps s'en va déjà. L'invitation est donc de profiter du présent et d'apprendre à ÊTRE.

Finalement, la vie m'a toujours été dépeinte comme une expérience difficile, terrible, au cours de laquelle il allait me falloir déployer des efforts considérables afin d'obtenir quelque chose en retour. Que rien ne s'obtenait sans rien. Qu'il me fallait être forte, car la vie était un parcours semé d'embûches et d'adversaires qu'il allait falloir écraser pour pouvoir survivre. La vie était donc un champ de bataille sur lequel il fallait se défendre et se battre envers et contre tout. J'ai donc vécu la vie comme une guerre dans laquelle je devais constamment me battre. Le « Sois forte » et le « Fais un effort » y prenaient toute leur place. J'ai donc intériorisé le fait qu'il m'était impossible de recevoir des cadeaux de la vie si je ne faisais aucun effort pour les obtenir. Dans ce contexte-là, il n'était bien sûr pas possible d'envisager de demander de l'aide, car on se devait de tout faire soi-même et d'être autosuffisant·e. J'ai donc vécu comme ça une grande partie de ma vie. Et j'ai donné des coups et j'en ai encaissés beaucoup. Ce n'est que très récemment que je me suis autorisée à ne plus être forte et à craquer. À tomber si bas que j'ai demandé de l'aide pour la première fois dans ma vie. À plus de 40 ans. Car l'Univers m'avait envoyé des obstacles que je ne pouvais plus surmonter toute seule. Il me fallait donc me résoudre à demander de l'aide. J'ai découvert ma vulnérabilité sous cette armure que je m'étais forgée. Non, je ne pouvais pas être dans une lutte constante et oui, j'avais le droit de me sentir faible et fragile. J'ai donc compris qu'être vulnérable ne me rendait pas moins courageuse. Et j'ai appris à lâcher prise. J'ai encore un long chemin devant moi pour travailler sur cette injonction, car elle a *drivé* toute ma vie. Elle a été l'un de mes moteurs. Mais je découvre ma vulnérabilité sans honte et je l'accepte totalement, en lui faisant une place dans ma vie, en l'accueillant et en la chérissant.

J'ai donc grandi en croyant que ces injonctions me définissaient. Qu'elles m'appartenaient et qu'effectivement je devais être parfaite, forte, rapide, gentille, et que je devais faire des efforts pour mériter le bonheur en retour. Mais c'est faux. Ce n'est pas mon essence première. J'ai donc dû démêler le vrai du faux pour pouvoir prendre conscience de qui je suis réellement et m'autoriser à faire tout et son contraire, car c'est ainsi que je rééquilibre petit à petit ma vie. J'accepte donc que je suis imparfaite, que je peux faire plaisir à un autre uniquement si j'en ai envie et qu'en le faisant je ne me soumets pas, que je suis vulnérable, que je peux avoir un rythme plus lent, et que je peux recevoir de beaux cadeaux de l'Univers sans avoir fait d'efforts au préalable. J'ai donc trouvé ces fameux antidotes pour me rééquilibrer et préserver l'amour de moi. Je m'accepte et j'apprécie la personne que je suis, avec ses contradictions et ses zones d'ombre et de lumière. Et chaque jour qui passe, je m'appréhende un peu plus et j'avance dans ma propre connaissance et ma propre compréhension.

Je vous invite donc à prendre le temps de réfléchir aux injonctions avec lesquelles vous avez grandi, et de trouver vos propres antidotes pour vous en défaire, car celles-ci ne vous appartiennent pas. Ainsi vous pourrez rééquilibrer cette balance du bien-être et de l'Amour de soi qui est essentielle pour que vous cheminiez sereinement.

2. Ne pas se juger lorsque l'on commet des erreurs, car l'amour inconditionnel est sans jugement

Le véritable amour observe, évalue et apprend de ses erreurs, mais ne juge pas. Car juger, c'est se mettre dans des cases et se coller des étiquettes qui vous poursuivront toute votre vie. Pour ne pas juger, il faut se regarder avec compassion. Car, comme nous l'avons vu dans le point précédent, nous ne sommes pas parfait·e·s. Nous ne sommes que des âmes incarnées dans une enveloppe charnelle, et c'est déjà beaucoup ! Nous sommes là pour apprendre, et dans ce processus, nous allons forcément commettre des erreurs, car nous avons besoin de les expérimenter pour grandir. Il nous faut ressentir la défaite dans notre chair et être chahuté·e·s émotionnellement afin que cette erreur laisse une trace dans notre mémoire cellulaire. Afin que nous ne puissions pas l'oublier. Nous avons acquis le droit de nous tromper. Mais à une condition : celle d'apprendre et d'en tirer des leçons pour ne pas renouveler la même erreur, et pouvoir ainsi avancer.

Personnellement, j'ai mis des années à comprendre cela, car j'ai été éduquée dans le jugement. De ce qui était bien et de ce qui était mal. Pour être aimée, il me fallait rentrer dans des cases visant toujours la perfection. Et j'ai appris à tout juger. À diviser la vie en bien et en mal, et en étant implacable avec moi-même. Et avec les autres, bien évidemment. Je n'avais pas le droit à l'erreur mais les autres non plus. Je divisais la vie en polarités, sans nuance aucune. Parce que je tranchais au travers de sentences qui faisaient l'effet d'un couteau et marquaient un point de non-retour. J'ai ainsi rompu avec des personnes que je jugeais trop comme ci ou pas assez bien pour moi. Parce que selon moi, elles s'étaient lourdement trompées et elles devaient donc sortir de ma vie. Il a fallu attendre que je vive de grands échecs et que je me retrouve projetée dans un abîme, pour que je découvre le non-jugement et la compassion dans le regard que m'ont porté mes proches. C'est en expérimentant le pouvoir guérisseur qu'ils ont eu sur moi que j'ai appris à ne plus juger et à faire preuve de compassion avec moi et avec les autres. Car l'Univers m'avait remise à ma juste place en me faisant vivre une chute libre dans laquelle j'avais perdu tous mes repères et mes certitudes. Il m'a confrontée à tous mes préjugés, un par un. Me les faisant vivre dans ma propre chair et me faisant très mal. Moi qui avais jugé si durement celles et ceux qui étaient tombé·e·s, avais-je envie d'être jugée à mon tour ? D'un regard accusateur posé sur moi ? La réponse était bien évidemment non. Car j'avais juste besoin d'Amour, de douceur et de réconfort.

Alors ne soyez plus dur·e avec vous-même ni avec les autres, car l'erreur est humaine. Le fait de relativiser vous soulagera et vous ouvrira de nouvelles perspectives. Chaque fois que vous commettrez une erreur, répondez à cette question et soyez à l'écoute de ce que vous dira votre cœur : « Que peux-tu apprendre de cette erreur ? Qu'est-elle venue te révéler ? Que peux-tu en retirer de positif ? » Cette erreur représentera alors une opportunité pour vous réaligner et pour que vous puissiez poser des actions justes par la suite. Vous pourrez ainsi vous pardonner et avancer en paix.

✦ 3. S'aimer et s'accepter en appréciant la personne que l'on est

Nous sommes tou·te·s des humains, avec une histoire singulière faite d'ombre et de lumière. Avec cette face cachée que l'on découvre au fur et à mesure et qui nous surprend, agréablement parfois, et d'autres pas. S'accepter tout entier·ère, c'est s'apprécier avec ses qualités et ses défauts et finir par comprendre que l'imperfection est tout simplement parfaite. Or nous passons une bonne partie de nos vies à nous comparer aux autres. À ce qu'ils sont et ce qu'ils ont. Et nous pas. Et l'utilisation sans cesse accrue des réseaux sociaux ne fait qu'empirer cela. Nous passons des heures à observer la vie des autres et à nous dire que nous aimerions avoir ce qu'ils ont, ou faire ce qu'ils font. Nous pensons que nous ne serons jamais aussi bien, aussi beaux et belles, aussi intelligent·e·s et aussi performant·e·s qu'eux. Et que nous n'aurons jamais ces corps de rêve et ces visages parfaitement lissés.

Mais avons-nous vraiment conscience de ce à quoi nous nous comparons ? À des personnes que nous ne connaissons pas, à des bouts de vie qui ne nous appartiennent pas et qui, bien souvent, ne représentent pas la réalité. Et c'est en nous comparant ainsi que nous perdons la faculté de voir nos qualités. Elles disparaissent à nos yeux, ne laissant place qu'à une sensation de manque et à une frustration qui ne peuvent que nous faire souffrir et miner notre estime de nous-mêmes. En nous comparant, nous sommes voué·e·s à être malheureux·ses et à expérimenter de la jalousie. Car la jalousie naît de cette sensation de manque. De voir ce que nous n'avons pas. De voir le verre à moitié vide et non à moitié plein. Notre vision est alors biaisée, et nous observons notre vie au travers d'un filtre qui ternit tout d'une couleur grise et morne.

Ces trois clés que je vous livre ici sont si évidentes à nos yeux que, paradoxalement, on les oublie bien souvent. En ce qui me concerne, ces outils sont l'aboutissement d'un long apprentissage, et je ne les ai découverts qu'il y a très peu de temps. Le fait de les utiliser a tout changé dans ma vie. Dans mon rapport avec moi-même mais aussi avec les autres. On comprend alors qu'on est imparfait·e et que c'est ce qui révèle notre humanité. Et que c'est comme ça. Qu'on a le droit à l'erreur et que l'on peut compatir à ses propres souffrances et à celles des autres. On relativise et on lâche prise. Et cela nous remet à notre juste place face à un Univers mouvant, changeant, impermanent, que l'on ne contrôle pas.

Alors soyez tout simplement vous, soyez vrai·e, ne vous autosabotez pas, car vous ne pouvez pas aller à l'encontre de ce que vous êtes, vous avez le droit d'être qui vous êtes. Montrez au monde avec fierté qui vous êtes et de quoi vous êtes fait·e. Soyez pleinement vous. N'ayez pas peur des contradictions car on peut être fort·e et fragile à la fois, dur·e et tendre, etc. Rien n'est écrit. Rien ne vous définit. Vous êtes l'ombre et la lumière. Incarnez donc pleinement qui vous êtes.

Embrassez-vous parce que vous le valez bien. Et n'oubliez jamais que vos singularités vous rendent exceptionnel·le. C'est en l'acceptant et en vous donnant de l'amour que vous cocréerez avec l'Univers un cercle vertueux. Vous élèverez votre vibration au plus haut point, vous vibrerez et rayonnerez l'Amour, et ce qui se passe à l'intérieur de vous se verra à l'extérieur. Vous pourrez ainsi faire circuler l'Énergie d'Amour, et par conséquent l'abondance, dans votre vie.

L'Amour est partout autour de vous, il suffira alors juste d'ouvrir grand votre cœur pour vous en apercevoir. Le voyez-vous ?

Chapitre 4

Aimer l'Autre

« Mets-toi à la place de l'autre.
N'oublie jamais que cet autre, ça pourrait être toi. »

Carélia Feris
Le Petit Oracle des Guidances Étoilées

J'ai été élevée par une mère douce et bienveillante qui m'a enseigné depuis toujours la valeur de l'Amour. Pour soi mais aussi pour les autres. J'ai donc grandi avec cette phrase qui m'accompagne au quotidien : « Ne fais pas à autrui ce que tu n'aimerais pas que l'on te fasse. » Ces mots ont toujours résonné en moi et ont guidé mes actions tout au long de ma vie, car c'est une maxime en lien avec l'Amour et le Respect. Pour soi et pour l'Autre. Car nous sommes tou·te·s reliés les un·e·s aux autres, en tant que partie de ce grand tout qu'est l'Univers. Nous sommes donc tou·te·s les deux côtés d'une seule et même pièce de monnaie, même si parfois nous l'oublions ou ne souhaitons pas le voir.

Cette phrase nous connecte à l'empathie, au fait de se mettre à la place de l'Autre pour essayer de ressentir ses émotions et d'ainsi mieux le comprendre. Si l'on y arrive, on pourra appréhender l'impact qu'ont nos mots et nos actions. On arrivera à percevoir sa vulnérabilité et à ressentir ses émotions. Cela nous aidera à savoir s'il est judicieux ou non de dire ou faire ce que l'on avait en tête. Si cela est juste pour l'Autre, mais aussi pour soi. Car cet Autre, c'est aussi moi. Il est mon miroir. Alors, que me renverra-t-il de moi-même ?

En développant cette capacité d'empathie, nous pourrons accéder à de nouvelles interrogations en lien avec l'Autre. Nous pourrons nous contenir avant d'agir et nous poser des questions comme : « Est-ce que ce que je suis sur le point de dire ou de faire le tirera vers le haut ? Ou vers le bas ? Est-ce que cela lui sera bénéfique ? Et qu'en est-il pour moi ? Est-ce qu'une fois ces mots prononcés ou ces actions posées, je ressentirai de la joie ou bien au contraire je me sentirai mal d'avoir agi ainsi ? » Si nous prenions le temps de faire cet exercice avant de passer à l'action, nous éviterions sans aucun doute bien des blessures, des souffrances et des malentendus.

Nous l'avons tou·te·s déjà entendu au moins une fois, cette fameuse phrase, « Ne fais pas à autrui ce que tu n'aimerais pas que l'on te fasse », et pourtant, la mettons-nous en pratique ? Très rarement semble-t-il, car dans notre société capitaliste, on a tendance à prôner le chacun pour soi et à ne protéger que ses propres intérêts. Nous sommes devenu·e·s individualistes, ne pensant qu'à nous et à notre bien-être. Parce que nous avons perdu le sens de l'unité. Cette capacité à voir que chacun·e de nous fait partie d'un grand tout. D'un écosystème bien plus grand et bien plus fort que nous. Que nous sommes l'Univers et que l'Univers fait partie de chacun·e de nous. Que nous sommes tou·te·s relié·e·s les un·e·s aux autres, et que ce que fait l'un·e a forcément des conséquences sur l'autre. N'est-ce pas ce que nous a démontré la crise de 2020 ?

Et pourtant... Accordons-nous de l'importance à cet Autre ? Le regardons-nous ? Lui permettons-nous d'exister à nos yeux ? Je parle de cette personne qui marche dans la rue, de celle qui se trouve à la table d'à côté au café, de celle qui est assise en face de nous dans les transports en commun. La réponse est non, car nous sommes bien souvent trop replié·e·s sur nous-mêmes pour nous apercevoir de son existence. Perdu·e·s dans nos pensées pour certains ou bien en plongée profonde dans nos smartphones pour d'autres. Nous ne nous regardons pas. Nous ne nous voyons pas. Par manque d'intérêt, par timidité, que sais-je ?

Cette froideur et cette indifférence m'ont toujours interpellée. Étant d'origine chilienne, j'ai beaucoup de mal à comprendre comment les gens peuvent être aussi distants les uns des autres et si peu intéressés à découvrir l'univers de l'autre. Au Chili, les gens se parlent, car ils ont envie de se connaître, de se découvrir et d'échanger. En France, ce n'est pas le cas ou du moins pas à Paris. Il suffit de prendre les transports en commun pour s'en apercevoir. Les gens se réfugient dans leurs livres ou bien dans leurs téléphones, et évitent ainsi les regards. Ou alors ils écoutent de la musique afin de ne pas avoir à entendre cet Autre qui pourrait les déranger.

Alors comment pourrait-on le voir ? Comment pourrait-on se mettre à sa place si on n'a pas la curiosité de le regarder ? Comment pourrait-on se rendre compte de l'expression de son visage ? S'il est triste ? Inquiet ? Ou alors content ?

Et si nous prenions la décision de regarder cet Autre, arriverions-nous à le faire avec amour et bienveillance ? Vous répondriez sûrement : « Tout dépend. » De qui, de quoi ? « De comment est cette personne », me direz-vous. Si elle est gentille ou pas, intelligente ou pas, si on l'admire ou pas, si c'est notre ami·e ou pas, etc. Toutes ces réponses possèdent un dénominateur commun : celui du jugement. Car oui, nous sommes constamment en train de juger car cela nous rassure. Nous collons des étiquettes qui nous permettent de catégoriser les autres en les rangeant dans des cases. Car notre mental ne supporte pas le désordre. Il faut tout ranger : pour nous rassurer, pour ne pas nous disperser et pour sentir que nous avons le contrôle de nos vies.

Mais c'est justement en jugeant que nous perdons la possibilité de partir à la découverte des autres, car notre mental parle à la place de notre cœur. Nous restons alors dans un langage plus rationnel qu'émotionnel et nous pouvons parfois passer à côté de grandes et belles rencontres. Mais que se passerait-il si nous osions regarder cette personne en face de nous et si nous prenions le temps de l'observer ? Et d'initier ainsi un dialogue d'âme à âme ?

Et que se passerait-il si, en plus de ne pas faire à l'autre ce que nous n'aimerions pas que l'on nous fasse, nous faisions à l'autre ce que nous aimerions que l'on nous fasse ? Cela ne serait-il pas juste magique ? Car se mettre à sa place, c'est aussi deviner et anticiper ce dont il aurait besoin pour se sentir bien. Il y a mille et une manières de le faire. Chacun trouvera la sienne : aider quelqu'un dans le besoin, réconforter, offrir un sourire, aider financièrement, donner un conseil, etc. L'Univers nous offre d'infinies possibilités de le faire. Mais encore faut-il avoir tous ses sens en éveil pour ne pas passer à côté de cette expérience et de l'opportunité d'aider cet autre. Car lui faire du bien, c'est aussi se faire du bien à soi. C'est nourrir son âme et celle de l'autre, avec de la douceur, de la compassion et de la bienveillance. En lui faisant comprendre qu'il n'est pas seul et que nous sommes là pour lui. Il saura alors qu'il aura existé et compté pour quelqu'un l'espace d'un instant.

Pour illustrer mes propos, je souhaite vous raconter deux histoires qui en sont très représentatives.

Dans la première anecdote, un inconnu m'a aidée, et dans la deuxième, c'est moi qui ai aidé. Dans les deux cas, l'aide a été inconditionnelle, sans rien attendre en retour. Parce qu'on a su faire preuve d'empathie et ainsi accéder à ce que ressentait l'Autre, on a alors pu comprendre son désarroi, et on a agi comme on aurait aimé qu'on le fasse pour nous au travers de l'Énergie d'Amour, engendrant ainsi du bonheur pour l'Autre et pour soi. Car faire du bien à quelqu'un d'autre, c'est aussi se faire du bien à soi. C'est caresser nos âmes, tout simplement.

La première histoire se déroule à Paris, fin août 2020. C'était la fin des vacances et le dur retour à la réalité de la vie parisienne. Il fallait me remettre dans le bain et préparer ma rentrée et celle des enfants, avec tout ce que cela implique. Comme je ne voulais pas me sentir débordée et stressée, j'avais pris les devants et, avant de partir en vacances, j'avais passé commande de leurs fournitures scolaires. Il fallait juste que j'aille les récupérer à la poste. J'étais donc partie sous une chaleur écrasante et j'avais récupéré le colis, qui était bien plus grand et bien plus lourd que je ne le pensais. J'avais alors pris mon courage à deux mains, attrapé le paquet tant bien que mal et j'avais commencé à marcher. Mais au bout de cinq minutes, j'étais complètement essoufflée et j'avais dû m'appuyer contre un arbre quelques instants pour me reposer et reprendre des forces. Je devais me rendre à l'évidence : le colis était bien trop lourd pour moi. Il était à l'image même de ma vie à ce moment-là. C'était le symbole de ce que je vivais en cette période. J'étais tout simplement écrasée sous le poids de ce paquet et des événements qui se produisaient dans ma vie. Je n'en pouvais plus et me sentais complètement désemparée face à la vie et face à ce colis qui me dépassait. Je m'étais alors sentie seule au monde, car je ne savais vraiment pas comment j'allais faire pour rapporter ce paquet chez moi. Je ressentais de la colère et une profonde tristesse. Je me sentais seule au monde, abandonnée de tou·te·s, avec une envie soudaine de me mettre à pleurer et de crier en pleine rue. C'est alors qu'un homme, sorti de nulle part, m'a vue, s'est approché de moi, m'a regardée droit dans les yeux, m'a parlé et m'a proposé son aide. Il m'a dit qu'il pouvait porter le colis jusque chez moi. J'en suis restée bouche bée. Son aide m'a paru providentielle, comme si elle relevait d'un miracle. J'ai alors ressenti un immense soulagement et une grande gratitude. Je l'ai remercié chaleureusement et nous avons marché jusque chez moi. Je me sentais soulagée, prise en charge. Enfin ! Pour la première fois de ma vie. Je lui avais indiqué mon adresse et il avait pris les devants. Il marchait devant moi en ouvrant la voie. Et je n'avais qu'à le suivre. J'étais dans le lâcher-prise. Quelqu'un prenait en charge ce poids que je ne pouvais plus porter, au sens propre comme au sens figuré. Il a monté les trois étages et il a déposé le colis sur le pas de ma porte. Je l'ai remercié et il a disparu comme il avait surgi.

Tout cela s'était déroulé si vite que ça en paraissait presque irréel. Quelques minutes auparavant, je ne savais pas comment j'allais faire, et maintenant le problème était tout simplement résolu. Grâce à cet Autre. Par son acte, il avait laissé en moi une sensation de sérénité et de douceur. J'ai donc accueilli cet instant avec bonheur et j'ai remercié l'Univers d'avoir mis cet homme sur mon chemin. Grâce à cet inconnu, je m'étais sentie accompagnée et protégée alors que je croyais être seule au monde. Son acte a donc été porteur de sens pour moi, car il a mis un peu de lumière et d'espoir là où il n'y en avait plus. Alors, si cet inconnu lit ces quelques lignes et se reconnaît, je lui dis merci, car il a su voir en moi et m'apporter une aide précieuse.

Dans la deuxième histoire, cet Autre qui aide, c'est moi. Tout juste un an après le premier événement. Et oui, la magie de l'Univers est partout. J'étais en vacances au Pays Basque avec mes enfants et j'avais loué un appartement qui était très éloigné de la plage et loin de tout. Il fallait prendre un bus pour aller au bord de la mer, faire des courses, à la gare, bref pour tout. Fraîchement arrivés, nous avions décidé avec mes enfants de partir immédiatement à la plage pour en profiter. Mais ce que je ne savais pas, c'était qu'il fallait payer les titres de transport en espèces. Or je n'ai jamais de monnaie sur moi, car je paie toujours tout en carte bancaire. Le bus était donc arrivé, nous étions montés et le chauffeur avait alors refusé mon moyen de paiement, nous demandant de descendre du bus. J'étais au beau milieu de nulle part avec mes trois enfants et aucun distributeur à proximité. J'étais fatiguée après les quatre heures de trajet en train et l'installation dans l'appartement, et cet incident était la goutte d'eau qui faisait déborder le vase. Je me sentais vraiment désemparée et j'avais juste envie de me mettre à pleurer comme une enfant délaissée. C'est à ce moment qu'un jeune homme et ses trois amis se sont frayés un chemin parmi les voyageurs et se sont approchés de moi en me proposant de payer nos billets. Ils ont rassemblé leurs pièces de monnaie et ont acheté nos quatre tickets. Je les ai remerciés du fond du cœur en leur proposant de les rembourser une fois que nous serions arrivés en centre-ville. Ils n'ont rien voulu entendre et m'ont affirmé que cela leur faisait plaisir de m'aider. J'ai alors pensé que je rendrais la pareille lorsque je verrais des personnes dans la même situation que moi, car c'était la meilleure façon de remercier la Vie et l'Univers. Et quelques jours plus tard, l'occasion s'est bien évidemment présentée puisque l'intention avait été posée en ce sens. Il s'agissait d'une mère et de sa fille, qui débarquaient elles aussi au Pays Basque et pensaient pouvoir payer leurs billets avec leur carte bancaire. J'ai donc acheté leurs billets. Elles m'ont remerciée et une fois arrivées en centre-ville, elles ont voulu me rembourser. J'ai refusé et leur ai dit que la meilleure manière de me remercier était d'aider à leur tour, si cela se présentait, des personnes en difficulté. Elles ont accepté et m'ont promis de venir en aide à cet Autre le moment venu.

Je vous livre ces deux anecdotes pour vous montrer que nous avons tou·te·s la capacité de nous mettre à la place de l'Autre pour qu'il se sente mieux, pour l'aider, et que c'est très facile. Et qu'en faisant du bien à l'autre, on se fait du bien à soi. Car on se sent utile et on donne du sens aux relations humaines. Chaque acte bienveillant compte. Il suffit juste d'être dans l'ouverture à l'Autre. De se donner cette opportunité de le voir pour pouvoir le regarder avec Amour et bienveillance.

Car c'est en agissant ainsi que nous pourrons alors cocréer un cercle vertueux avec l'Univers pour un monde meilleur pour vous, pour moi, pour elle, pour lui, pour nous tou·te·s.

Chapitre 5

Aimer et s'honorer en tant que femme

« Raconter l'histoire d'une femme. Une femme est l'histoire de ses actes et pensées, de ses cellules et neurones, de ses blessures et joies, de ses amours et désamours. Une femme est inévitablement l'histoire de son ventre, des graines qui l'ont fécondée ou pas, ou qui ont arrêté de le faire, et de ce moment seul et unique dans lequel on devient déesse. Une femme est l'histoire de l'anodin, du quotidien, des silences. Une femme, c'est toujours l'histoire de plusieurs hommes. Une femme est l'histoire de son peuple et de sa race. Et elle est l'histoire de ses racines et de son origine, de chaque femme qui a été alimentée par la précédente pour qu'elle puisse naître : une femme est l'histoire de son sang. »

Marcela Serrano
Antigua Vida Mía

« Ces moments de narcissisme dans lesquels nous mettons de l'ombre à paupières, dessinons les lèvres et mettons du fard à joues face à un miroir sont exquis. Juste pour cela, je suis d'accord pour me réincarner en femme une fois encore. »

Weihui
Shanghai Baby

J'aime profondément être une femme. J'aime tout ce que cela implique : la féminité, la douceur, la force, le courage que nous déployons dans tous les combats que nous menons pour obtenir notre juste place au sein de la société.

J'aime ce corps de déesse que nous a donné l'Univers. Un corps magique doté d'un immense pouvoir : celui de concevoir et de porter la vie. Cela le rend unique et sacré. Qu'on soit mère ou pas. Je suis émerveillée par nos cycles qui nous relient à la Lune. À la nature. Qui nous renvoient au vivant. Un cycle de croissance et de décroissance, un cycle de changement, de transformations. Avec des hauts et des bas. À l'image même de la vie. Avec de la douleur et puis de l'apaisement. Un cycle au cours duquel nous sommes fertiles et pouvons être fécondées, au cours duquel nous pouvons voir s'opérer en nous le miracle de la vie. Nous avons un corps qui nous permet d'intarissables jouissances, avec un organe qui n'a été conçu que pour le plaisir : notre merveilleux clitoris. Alors comment ne pas se sentir exceptionnelles ? Et ne pas être admiratives de notre splendeur ?

J'aime la féminité que me confère le fait d'être une femme. Et j'en joue. J'aime le fait que nous puissions être de véritables caméléons et que nous puissions jouer avec les vêtements, avec la longueur de nos cheveux, avec le maquillage si nous souhaitons nous sublimer, ou bien rester simplement au naturel. Car nous sommes toujours belles. Nous pouvons être mille et une femmes à la fois : la femme sensuelle, la femme discrète, la femme extravagante. Nous incarnons pleinement notre féminité. J'aime tant cela.

Mais j'aime le faire pour moi, loin des injonctions de la société. Je n'attends pas qu'il y ait une révolution en termes d'idéologies autour de moi pour être celle que je suis. Il me suffit juste de m'écouter en me connectant pleinement à mes envies et à mes désirs, et j'agis ensuite en conséquence. Et cela est juste car cela naît de moi-même. Si je ne porte pas de soutien-gorge par exemple, c'est parce que je le fais depuis déjà longtemps et que je n'ai pas attendu cette récente injonction pour le faire. Si je décide de porter une robe qui souligne mes formes, je le fais pour moi et pas pour plaire aux autres. Si je décide d'avoir une sexualité libérée, cela ne regarde que moi. Car il s'agit de moi, de mon corps et de mes envies les plus profondes.

J'ai donc juste besoin que cela résonne en moi. C'est tout. Je me connecte alors pleinement à la puissance du féminin et à mon propre pouvoir, car cela me permet d'être libre. Si je pense et je vibre la liberté, alors celle-ci se matérialisera dans le monde concret. Il faut donc d'abord se libérer à l'intérieur pour être libre à l'extérieur. Alors, qu'attendez-vous pour être pleinement vous, pleinement femme et pleinement libre ?

Suis-je féministe ? Bien sûr, car en tant que femme, je lutte depuis toujours pour vivre ma vie comme je l'entends. Pour faire valoir mes droits. Pour faire ce que je veux, quand je veux, où je veux et avec qui je veux, sans avoir de comptes à rendre à qui que ce soit. Mon corps, mes choix, ma vie. Je suis une femme libre. Aussi bien dans mon rôle de femme que de mère ou que dans le domaine professionnel. Autant vous dire que cette lutte n'aura pas été facile. Je suis née dans une famille au sang libanais et chilien, aux cultures très machistes, où l'homme était au centre de tout. Où la femme n'avait aucune place, si ce n'était celle de servir l'homme en étant soumise et effacée. Elle n'existait pas en tant qu'individu, car elle n'était là que pour satisfaire les envies et les besoins des hommes de la famille. En se soumettant, elle abdiquait bien sûr son pouvoir et l'offrait sur un plateau d'argent aux hommes qui décidaient de sa vie à sa place. Et cela se transmettait d'une génération à la suivante. La majorité des femmes de ma famille ont été annihilées par les hommes. Elles ont perdu leur individualité et leur identité. Pourtant, depuis ma petite enfance, j'ai eu conscience de ce déséquilibre et des abus de pouvoir qui en découlaient. Je m'y suis donc opposée et j'ai mené un combat sans relâche. Je me suis rebellée, j'ai décidé de ne jamais donner à un homme de pouvoir sur moi, de vivre ma vie de femme, ma sexualité de femme comme je l'entendais en écoutant mon corps et mes envies. Et j'ai réussi. À m'affranchir d'un destin qui semblait tout tracé : celui de reproduire les schémas répétitifs des femmes de ma famille. Car c'est ce qu'il était juste de faire pour remettre de l'équilibre au sein de l'Univers et de ma famille. Le temps de la revanche et de la guérison transgénérationnelles était arrivé. Et en me libérant, j'ai changé le cours de l'histoire pour les générations de femmes à venir.

Pour ce livre, j'ai d'ailleurs changé mon nom de femme mariée, que j'avais gardé malgré ma séparation, pour prendre le nom de famille de ma mère. Car c'est ma manière à moi de redonner du pouvoir aux femmes de ma famille. À toute cette lignée de femmes dont descend ma mère. Le fait de poser son nom de famille sur ce livre est très symbolique pour moi, et pour elle aussi bien sûr, car elle a toujours aimé écrire. Cependant, malgré mes encouragements, elle n'a jamais osé envoyer ses romans à des maisons d'édition. Par manque de confiance en elle. Car comment serait-il possible de croire à une quelconque valeur de ce que l'on couche sur le papier, quand notre personnalité est écrasée par la toute-puissance d'un homme ? Alors aujourd'hui, je marie son nom à mon prénom. Et je le fais mien. Avec honneur et fierté. Car j'ai réussi à faire ce qu'elle n'a jamais fait. Ainsi l'histoire de mes descendantes sera tout autre.

Au travers de l'histoire, rien n'aura été facile pour le genre féminin. Bien au contraire. Mais nous ne lâchons rien et continuons à nous battre pour nous-mêmes, mais aussi pour nos sœurs, par sororité. Car un droit gagné par l'une d'entre nous permettra à une autre femme d'avancer. À une grand-mère, une mère, une fille, une amie. À une femme tout simplement. Une femme comme vous, comme moi, comme nous. Qui parfois peut sentir qu'elle est capable de dévorer le monde et qui, à d'autres instants, se sent vulnérable. C'est bien dans ces moments-là que nous devons être solidaires les unes des autres, et pour cela, il faut que nous changions notre vision des femmes. Car sinon, comment se sentir unies et créer ce collectif qui avance main dans la main ? Cela implique de ne pas voir les autres femmes comme des concurrentes, mais bien comme des sœurs. Et c'est là parfois toute la difficulté. Car nous avons été élevées depuis notre petite enfance dans un contexte de concurrence : qui est la plus belle ? La plus intelligente ? La plus créative ? La plus mince ? Nous sommes dans la culture de la performance, dans une société qui appelle au plus, à davantage, à la quantité. Mais qu'en est-il de la qualité ? De la compréhension des unes par les autres ? Et si chacune d'entre nous décidait de changer ce paradigme ? Et de voir les autres plutôt comme des sœurs ? Et de s'ouvrir à la sororité ?

Pour ce faire, il faut tout d'abord s'accepter comme on est. Car sinon on ne sera pas capable de regarder cette autre femme avec gentillesse et bienveillance. S'accepter comme on est implique de ne plus se comparer aux autres femmes, de ne plus se connecter au manque mais bien à l'abondance. La jalousie est un sentiment qu'on peut toutes éprouver, car il peut arriver à chacune d'entre nous d'être jalouse d'une femme plus belle que soi, plus intelligente, ou alors de penser que sa vie est beaucoup plus excitante que la nôtre. Mais pourquoi jalouser ? Ce sentiment nous connecte au manque, à ce que nous n'avons pas. Au vide. À l'absence de. Alors, ne pourrait-on pas changer cela pour de l'inspiration ? Et se poser plutôt les questions suivantes : « Que possède cette femme qui éveille tant mon attention et qui vient me chahuter émotionnellement ? En quoi éveille-t-elle ma curiosité ? Que vient-elle me renvoyer à moi-même ? Que vient-elle titiller en moi ? Que peut-elle m'apporter que je n'ai pas encore développé ? » Ces questions, formulées sur une note positive, transmutent notre vision et nos relations, car être inspirée nous tire vers le haut. Cela nous insuffle de la vitalité, de l'énergie, et nous relie à l'abondance. Nous sommes toutes inspirantes, car nous avons toutes en nous quelque chose de spécial qui nous rend uniques. Alors pourquoi ne pas le partager entre nous pour avancer toutes ensemble et nous nourrir ainsi les unes des autres ?

Il y a des femmes que j'admire profondément : pour leur courage, leur force, leur douceur, leur beauté, leur gentillesse. Les femmes de ma vie m'apportent toutes quelque chose d'unique. Chacune d'entre elles m'inspire à sa manière, et j'apprends énormément grâce à elles. J'ai appris à ne plus juger l'autre, à être davantage dans la douceur, à baisser les armes, à aimer inconditionnellement, à recevoir, à écouter mon corps et mes envies, à danser avec la vie et tant d'autres choses. Chacune d'entre elles m'a inspirée et m'a fait avancer pour devenir la meilleure version de moi-même en tant que femme. Et c'est ainsi que je peux inspirer à mon tour d'autres femmes. Et ainsi de suite. Le fait de se sentir dans l'abondance nous permet de créer des cercles vertueux, contrairement au manque, qui nous propulse dans des cercles vicieux. Et cela fait toute la différence.

Dans ce livre, je vous parlerai souvent d'une de mes sœurs d'âme, Lorena, car elle m'inspire profondément. Il s'agit d'une amie que j'ai connue lorsque j'avais 19 ans. Nous nous sommes rencontrées à l'université au Chili lorsque nous avons choisi d'étudier la psychologie. Nous étions toutes les deux fraîchement arrivées sur le territoire chilien : elle de Bolivie et moi de France. Nous nous sommes rapprochées rapidement et nous sommes devenues de grandes amies. Elle a fini ses études de psychologie au Chili et a entrepris par la suite de se former à l'une de ses plus grandes passions : le flamenco. Elle est donc partie étudier avec les plus grands à Séville, berceau de cette merveilleuse danse, et a ensuite voyagé partout dans le monde pour donner des spectacles et des cours de danse. Elle a choisi de vivre de sa passion, et nous avons évolué toutes les deux de manières très différentes : elle, libre comme l'air, d'esprit nomade, et moi, beaucoup plus traditionnelle, en décidant de fonder une famille et de m'ancrer dans un pays. Mais malgré la distance physique, nous avons toujours gardé le contact, car les sœurs d'âme restent bel et bien connectées au-delà du temps et de l'espace.

Elle a réussi à créer avec brio une discipline qui allie ses deux plus grandes passions (la psychologie et le flamenco) : le « *psiqueflamenco* ». Elle y allie une approche psychologique et le mouvement du corps au travers de la danse.

C'est dans ce contexte que je souhaite partager avec vous un exercice merveilleux qu'elle avait effectué lors d'un de ses ateliers de *psiqueflamenco* à Paris, et qui montre toute la puissance de la sororité. Nous étions une dizaine de femmes à y participer, toutes d'horizons et d'âges différents. Pour clôturer l'atelier, Lorena nous avait parlé de ce cercle que forment les danseurs de flamenco, et au sein duquel ils accueillent un danseur ou une danseuse en l'incitant à danser. Elle nous avait alors demandé de constituer ce cercle et d'aller chacune à notre tour au centre. C'était un exercice difficile pour certaines, car il s'agissait de s'exposer aux autres en faisant preuve d'une certaine vulnérabilité. Chacune d'entre nous était libre de décider à quel moment elle entrerait dans ce cercle et combien de temps elle y resterait. La seule règle était de créer toutes ensemble un espace d'amour et de bienveillance en soutenant la femme au centre de nos regards. Nous devions donc applaudir au rythme du flamenco et créer un espace de confiance dans lequel elle pourrait se sentir à l'aise. Nous devions donner du pouvoir à cette femme au travers des mots que nous prononcerions. Alors, une par une, nous avons vécu cette expérience extraordinaire. Chacune d'entre nous est entrée à tour de rôle dans ce cercle magique. Nous y avons dansé, nous nous sommes déhanchées, nous nous sommes libérées grâce aux encouragements et au soutien de nos sœurs, qui nous invitaient à l'unisson à incarner la femme que nous étions dans toute notre splendeur. Car il s'agissait de se révéler et de se libérer, à la fois de son propre regard et de celui des autres. Ainsi toutes ces femmes n'exprimaient plus, d'une seule voix, qu'un seul but : aimer cette femme comme une sœur.

Les mots ont été prononcés timidement au début, et puis de plus en plus fort car nous observions la transformation de celle qui dansait au centre du cercle sous l'effet de nos mots. On entendait : « Tu es belle, vas-y ! Olé ! On croit en toi ! Laisse-toi aller ! Sois qui tu es vraiment ! Montre-toi ! Olé ! *Guapa* ! Olé ! » On tapait du pied, on riait, on applaudissait, on était pleinement concentrées et dévouées à celle qui se trouvait au centre du cercle, car c'était l'une de nos sœurs et nous prenions plaisir à la voir s'épanouir. Je garde cette expérience au plus profond de mon cœur, car nous avons expérimenté dans notre chair et dans notre âme toute la puissance de ce que la sororité signifiait vraiment.

Mais il y aura aussi autour de nous des femmes que nous n'apprécierons pas. Et cela aussi est juste. Mais à leur manière, elles nous montreront ce qu'elles ne nous inspirent pas. Ce que nous ne voulons pas être et ce à quoi nous ne voulons pas ressembler. Et pour arriver à voir cela, il nous faudra apprendre le non-jugement et le lâcher-prise. Se dire : « Elle est comme elle est, et je l'accepte. Je décide ne pas la juger et je lâche prise. Je l'observe mais je la laisse passer dans ma vie. Elle me renvoie ce que je ne souhaite pas être. De ce fait, elle m'inspire à être et à agir différemment. » Et c'est tout.

Pour aimer ses semblables, il faut donc changer de paradigme et regarder cette autre comme une source d'inspiration, et non comme une concurrente. Et pour cela, il faut s'ouvrir à l'amour et se délester de tout ce qui n'est pas en lien avec lui. S'honorer en tant que femme, c'est honorer aussi les autres femmes. Les respecter et les voir comme des sœurs et non comme des ennemies.

J'aime le fait de partager tout cela avec ma fille, avec ce merveilleux petit bout de femme qui me comble de bonheur jour après jour et que j'aime à l'infini. Je me sens très chanceuse d'avoir cette transmission du féminin de mère à fille. Car nous sommes la pièce maîtresse pour transmettre cela à nos filles. Mais aussi aux garçons. On ne peut pas faire avancer les choses si nous ne rallions pas les hommes à notre cause, en les éduquant d'une manière différente. On ne peut pas cloisonner la cause des femmes et celle des hommes si l'on veut faire avancer les choses. Il faut en parler avec eux aussi, surtout aux petits qui comprennent tout, et pour qui l'égalité entre femmes et hommes semble logique. Car elle l'est, bien évidemment. Alors parlons-en !

En ce qui concerne ma fille, je lui apprends à être elle, à exploiter ses talents, à se faire respecter, à exprimer ses émotions, à s'aimer comme elle est, à prendre soin d'elle et à donner le meilleur d'elle-même dans cette merveilleuse aventure qu'est la vie. Je lui dis que la liberté passe avant tout, qu'elle ne doit jamais se soumettre et que personne n'a le droit de lui faire du mal. Jamais. Qu'elle tient les rênes de sa vie et que tout est possible. Que le pouvoir est en elle. Aujourd'hui, au vu de l'actualité mondiale, je me sens plus que jamais chanceuse de pouvoir éduquer ma fille pour qu'elle devienne une femme libre. Son corps, ses choix. Qu'elle ait la liberté de dire ce qu'elle pense et de faire ce que bon lui semble, sans avoir peur de subir des sanctions ou d'être réprimée. J'ai une immense gratitude pour ça. De ne pas avoir à craindre pour ma vie ou pour celle de ma fille pour le simple fait d'être des femmes.

À mes fils, je leur apprends à respecter les femmes, à les voir comme des égales, comme des partenaires. Je leur dis aussi qu'elles leur ont donné la vie et qu'elles sont sacrées. Qu'elles sont fortes et vulnérables comme eux. Qu'elles luttent depuis la nuit des temps pour avoir les mêmes droits que les hommes, et qu'ils ont un rôle important à jouer dans cette bataille. Je les invite à les soutenir, à les inclure, à marcher avec leur sœur et moi, main dans la main. Car c'est ainsi que nous construirons l'équité, et qu'hommes et femmes pourront enfin s'honorer et se respecter. Ce ne sera plus alors les femmes contre les hommes, mais les femmes avec les hommes. Tou·te·s ensemble.

Il s'agira alors de déconstruire pour mieux reconstruire. Pour ériger un monde fondé sur l'Amour et le respect de l'Autre au sens le plus large du terme, indépendamment du fait qu'on soit né homme ou femme. Sororité et fraternité feront partie d'un même tout et d'un même Univers. Et l'égalité des genres pourra alors être enfin célébrée.

Ce combat est pour moi universel. Personne ne doit s'imposer à un autre ni le dominer. Quand l'humanité aura compris cela, alors peut-être n'aurons-nous plus à parler de féminisme ni de machisme, car femmes et hommes seront vraiment sur un pied d'égalité, cherchant à se compléter pour ne faire plus qu'une seule et même unité et ne plus mener qu'un seul et même combat.

Alors ensemble, nous irons encore plus loin...

Chapitre 6

Aimer la Nature

« Si nous prenons la nature pour guide,
nous ne nous égarerons jamais. »

Cicéron

J'ai toujours vécu dans des grandes villes : Paris, Santiago du Chili, Stockholm, et j'ai toujours adoré sentir l'effervescence de ces capitales. J'ai quitté plusieurs fois Paris, mais j'y suis finalement toujours revenue car il m'attirait comme un aimant. Par sa beauté, par son histoire, par sa culture, par tout ce que j'y avais vécu et par tous les souvenirs qui l'habitaient. Je me suis toujours sentie une femme urbaine, complètement en symbiose avec cette ville, vivant et palpitant à son rythme. J'étais une vraie Parisienne. Cette femme qui a une vie trépidante, qui court tout le temps d'un côté à un autre, qui aime sa ville par-dessus tout et qui en est particulièrement fière. Qui aime son brouhaha, ses musées, ses cafés, ses restaurants, ses expositions et ses événements culturels. Qui ne pourrait pas vivre sans tout cela. Car cela fait partie d'elle. Si je m'en éloignais, Paris trouvait toujours le moyen de me ramener à lui : par le travail, par ses événements, par sa culture, pour y passer des vacances, pour revoir mes amis. Mille et une raisons qui me ramenaient toujours au même point : Paris.

Adolescente, j'ai vécu un an à Stockholm, et à partir de mes 18 ans, j'ai fait de nombreux allers-retours entre Santiago et Paris, mais la Ville Lumière remportait toujours la partie. Je ne comprenais pas qu'on puisse quitter Paris ou vivre en dehors. Pour moi, la vraie vie était à Paris car c'était là que tout se passait. Tout y était possible et chaque matin était la promesse d'un nouveau jour plein de surprises et d'imprévus.

Je considérais alors qu'il y avait la ville d'un côté et la Nature de l'autre. Et de la même manière, il y avait moi et la Nature. Deux éléments complètement dissociés, séparés l'un de l'autre. Je les pensais incompatibles jusqu'ici, car je n'avais pas conscience d'en avoir besoin. Je pensais pouvoir m'en passer. Comme si on pouvait s'amputer de la Nature ! Comme si celle-ci était une entité dissociée de nous. Qu'elle était extérieure à nous. Tout cela avait été renforcé au cours des années par le discours de mes parents qui vantaient sans arrêt le privilège de vivre dans des capitales qui étaient au centre de tout, où nous avions accès à tout contrairement à ceux qui vivaient loin de la ville. Et je n'arrivais pas à concevoir que des gens puissent être heureux au beau milieu de la Nature. Je me disais qu'ils devaient horriblement s'ennuyer et qu'ils passaient à côté de la vraie vie : celle que j'avais le privilège de vivre, bien évidemment !

Mais depuis quelques années, je ressens un appel puissant à me rapprocher de la Nature. Et l'arrivée du coronavirus a fait exploser mes certitudes de citadine. Avec les restrictions sanitaires, le Paris que j'aimais a cessé d'exister. Plus de cafés, plus de restaurants, plus de vie culturelle. Plus rien. Paris sous cloche. C'est à ce moment précis que j'ai compris que j'avais un immense besoin de Nature. De vert. De voir des arbres, des fleurs, des animaux. Que j'avais besoin d'elle parce que nous faisions partie intégrante l'une de l'autre. Que je ne pouvais pas m'y soustraire comme j'avais cru pouvoir le faire pendant toutes ces années. Que la ville, une fois dénuée de son essence, n'était plus ce qu'elle était pour moi. Alors que la Nature était toujours là.

Coronavirus ou pas. Confinement ou pas. Elle était ce qu'elle avait toujours été : majestueuse, généreuse, puissante, essentielle à notre développement d'êtres humains.

Avec le recul, je me rends compte que j'avais déjà commencé à ressentir cet appel, avant même d'être revenue m'installer à Paris, mais que j'étais si conditionnée par mon mode de vie que je n'avais pas su interpréter et lire les signaux que m'envoyaient mon corps et mon cœur depuis un certain temps.

En effet, lorsque je vivais au Chili, j'avais pour habitude, avec le père de mes enfants, de partir une fois par mois au bord de la mer, en amoureux. Pour avoir du temps en tant que couple et pouvoir vivre à notre rythme l'espace d'un week-end. Nous arrivions le vendredi soir et nous repartions le dimanche après-midi pour Santiago. Nous logions dans un hôtel magnifique dont toutes les chambres donnaient sur la mer. C'était une sorte de bateau qui naviguait sur l'océan, sur les eaux tumultueuses du Pacifique. Je me rappelle qu'à notre arrivée le vendredi soir, et pendant que nous nous enregistrions à l'accueil, je regardais, émerveillée, la mer par les grandes baies vitrées de l'hôtel. Elle me fascinait à un point tel qu'à peine arrivée dans notre chambre, je courais vers la fenêtre pour l'ouvrir et respirer à pleins poumons l'air frais que la mer me renvoyait. Le vent giflait mon visage et j'entendais la force des vagues éclater contre les rochers. Et je pouvais rester des heures entières à l'admirer. Mon sommeil était profond et réparateur comme nulle part ailleurs, et je dormais bercée par le bruit des vagues. Et chaque fois que nous devions retourner à Santiago, mon cœur se serrait car je n'avais pas envie de partir et de quitter cette mer qui m'envoûtait. Pourtant je repartais.

Malgré ces sensations, pas une seule fois l'idée de déménager au bord de la mer ne m'a effleurée. J'étais complètement conditionnée à vivre en ville, car c'était la capitale et tout y était à portée de main. Et pourtant, le Chili est un pays qui possède une nature extraordinaire. Un des plus beaux déserts au monde couronne le Nord, et des montagnes et des glaciers ainsi qu'une nature exubérante ornent le

Sud. Et pas une seule fois l'envie de partir vivre en pleine Nature n'a fait partie de mes projets. Et cependant, je ressentais un bien-être et un bonheur intenses lorsque je passais ces week-ends en bord de mer. Je me rendais compte du pouvoir bénéfique qu'avait la mer sur moi. Elle m'énergisait, me ressourçait et m'apaisait. Tout cela en même temps, au même moment. Car mère Nature a ce don unique de nous accueillir, de nous nourrir, de nous bercer et de nous apaiser.

J'avais également ressenti l'appel et la force de la terre lors de mes voyages en Afrique lorsque j'avais 18 ans, car cette terre rouge m'avait fascinée et je ressentais un fort attrait pour celle-ci. Je regardais, émerveillée, cette terre qui nourrissait une diversité extraordinaire de faune et de flore, dans des paysages à couper le souffle. Et je me souvenais d'un de mes romans favoris lorsque j'étais adolescente, *Autant en emporte le vent*, où l'héroïne, Scarlett, dépouillée de tout, mise à nu par la vie, comprenait alors l'importance de la terre, de cette terre rouge de Tara qu'elle partait rejoindre pour se ressourcer et se connecter à elle, comme on le ferait auprès d'une mère contre laquelle on pourrait se blottir pour s'apaiser et guérir. Pour se régénérer grâce au pouvoir guérisseur de Gaïa.

Mais à cette époque, je n'avais pas su lire en moi. Désormais, je sais que j'ai un besoin vital de me rapprocher de la Nature, et plus particulièrement de la mer. Il me suffit d'être près d'elle pour me sentir heureuse et vivante. Alors, dès que j'en ai l'occasion, je pars la retrouver et je me rends compte que j'ai juste besoin de cela pour me sentir bien. Que mon être tout entier a besoin de passer du temps en pleine Nature et d'apprécier la beauté qu'elle nous offre.

Depuis quelque temps, je ressens le besoin impérieux de me rapprocher de la mer, car c'est ce qui me semble sonner juste, pour moi et pour mes enfants. J'aimerais y avoir une maison avec un jardin, avec des fleurs, avec de l'herbe et avec des grandes baies vitrées qui me permettraient de regarder la mer autant que j'en ai envie. Je veux voir grandir mes enfants en symbiose avec la Nature. Qu'ils apprennent qu'ils ne font qu'un avec elle et qu'ils vibrent au rythme de ses saisons, de ses fruits, de ses floraisons. Le ferai-je un jour ? Seul l'Univers le sait. Car l'intention est bel et bien posée, et elle deviendra peut-être réalité.

Mais le changement opère déjà en moi, car cette envie de Nature m'habite complètement. Comme elle, je me déleste du superflu et me centre sur l'essentiel. Je respecte ses cycles et j'ai appris à renouer avec les miens. J'ai arrêté de prendre la pilule et je me suis réapproprié mes cycles, laissant mon corps vivre à son propre rythme. J'ai éprouvé des sensations que je n'avais plus ressenties depuis des années : mon ventre gonflé pendant l'ovulation et une libido exacerbée, et puis le retour à un rythme plus calme. J'ai commencé à comprendre l'importance des cycles lunaires, des saisons et des messages qu'elles ont à nous transmettre. Car la nature est sage. Après l'exubérance de l'été vient l'automne, puis l'hiver au cours duquel elle se repose et reprend des forces pour revenir de plus belle et éclater de beauté et de vie au printemps. Alors j'ai appris à profiter de chacune de ces saisons. En été, je fais le plein de soleil et de vie à l'extérieur, je vis sans horaires, profitant des longues nuits d'été. En automne, je commence à ralentir le rythme et à me délester de tout ce qui n'est pas essentiel dans ma vie, et je lâche prise comme le font les arbres avec leurs feuilles qui tombent. En hiver, je vis dans mon intérieur aussi bien au sens propre qu'au sens figuré : je prends soin de ma maison, je crée un cocon chaud et douillet pour les journées froides et les longues nuits d'hiver, et je me repose. J'en profite pour écrire, pour lire, voir des films, inviter des amis chez moi, profiter pleinement de mes enfants. Et puis le printemps arrive et je fais éclore des projets car la vie jaillit à nouveau au sein de la Nature. Elle éclate et resplendit. Alors je me sens revivre et je renoue avec le monde extérieur. Et ainsi de suite. Je surfe donc sur les merveilleuses saisons de la Nature, car chacune d'entre elles nous apporte ce dont nous avons besoin pour vivre et nous régénérer. Pour faire peau neuve et vivre en harmonie avec l'Univers. Je communie alors avec sa sagesse et avec ses cycles.

Le lien qui m'unit à la Nature est celui de l'émerveillement, de la gratitude et du respect, aussi je fais tout mon possible pour en prendre soin. Ayant vécu en Suède, j'ai compris très jeune l'importance de l'écologie. J'ai toujours été émerveillée par la sagesse des pays scandinaves, qui ont compris depuis toujours que l'écologie n'était pas un luxe mais une nécessité. Et qu'il est naturel de prendre soin de notre Terre Mère. Les pays scandinaves ont sans aucun doute été les pionniers de l'écologie, car ils vivent en complète intégration avec la nature et en harmonie avec elle. Ils en prennent donc grand soin au travers d'actions comme le traitement des déchets et la protection de la faune et de la flore.

J'ai des souvenirs extraordinaires de ma vie là-bas. Je pouvais expérimenter un dépaysement au quotidien, car la nature est complètement intégrée à la ville. Elle est partout et surgit face à nous à tous moments. C'est ainsi que je pouvais voir des faons sur le chemin qui me menait à l'arrêt de bus pour aller au lycée, ou encore des lapins et des écureuils passer sous la fenêtre de ma chambre. Savez-vous que Stockholm est surnommée la Venise du Nord, car l'eau y est partout présente ? Je vivais donc des instants de pure communion avec la Nature.

Une Nature qui est douce et forte à la fois. Qui peut se déchaîner et devenir si violente qu'elle nous renvoie rapidement à notre fragile condition d'être humain en nous rappelant que nous avons besoin d'elle pour vivre notre passage sur Terre. Étant originaire d'un pays de cataclysmes, j'ai pleinement conscience de la violence dont elle peut faire preuve lorsqu'elle a besoin de rééquilibrer ses énergies. Alors elle nous foudroie et n'épargne rien sur son passage.

J'ai compris que pour se sentir pleinement épanoui·e, il faut l'être à l'intérieur de soi-même mais aussi au sein de son environnement. Nous ne pouvons pas nous soustraire à ce qui nous entoure, à l'air que nous respirons, à la nourriture que nous offrent cette Nature et cette

Terre sur laquelle nous vivons. Nous sommes nature. Nous sommes Terre. Nous sommes air. Nous sommes eau et nous sommes feu. Nous sommes elle.

Alors renouons avec elle, avec ses cycles, sa sagesse, ses arbres, ses saisons, ses animaux, ses bruits, ses odeurs, ses textures, ses couleurs, sa beauté qui nous laisse sans voix, ses paysages époustouflants. Partons la retrouver aussi souvent que possible pour en prendre soin, pour la protéger, pour la remercier d'être encore et toujours là pour nous. Pour nous ressourcer, pour faire le vide en nous, pour nous connecter à l'essentiel, à la vie, à ses vibrations, à son énergie.

Je vous invite à prendre soin de cette mère Nature dont nous faisons tou·te·s partie. Celle qui nous porte et qui nous supporte. Celle qui nous entoure. Celle qui rythme nos vies. Celle qui ne cesse de nous émerveiller par sa magie, par sa sagesse, par sa beauté. La même que nous oublions et que nous maltraitons bien souvent, et qui, quand elle se sent trop agressée, déclenche toute sa puissance et sa colère. Elle nous rappelle alors durement à l'ordre pour nous faire prendre conscience qu'elle est bien plus forte que nous et que finalement nous ne sommes qu'un petit grain de sable dans l'Univers.

Elle fait tant pour nous ; et vous, que faites-vous pour elle ?

Chapitre 7

L'Amour dans le couple

« Nous sommes des amants.
Nous ne pouvons pas nous arrêter de nous aimer. »

Marguerite Duras
L'Amant

« Les rencontres les plus importantes ont été préparées par les âmes avant même que les corps ne se voient. »

Paulo Coelho

J'ai beaucoup aimé dans ma vie. Et je l'ai été aussi. Avec intensité et passion. Car je ne conçois pas l'amour sans ce besoin presque vital d'être avec l'autre. De se donner entièrement à l'autre. De faire l'amour par plaisir, bien sûr, mais aussi parce que l'on a besoin de sentir que l'on ne fait plus qu'une seule et même personne. De matérialiser au travers de l'union de nos corps la fusion de nos âmes.

Tomber amoureux·se est l'une des sensations les plus exquises qui soient : perturbante, troublante et terriblement excitante. On peut aimer un peu, beaucoup, passionnément, à la folie, mais à une seule condition : que cet amour nous fasse du bien, nous élève et nous nourrisse. Avec de la passion, oui, mais sans tourment. L'amour ne fait pas mal. Il ne déchire pas. Il ne tourmente pas. Il ne nous rabaisse pas, ne nous dénigre pas. On ne se sent pas vide à l'intérieur de soi. Bien au contraire. On se sent bien, car cet amour est passionnant à découvrir et nous nourrit au quotidien. Quand on est avec l'autre, on se sent sur la même longueur d'onde, et même si on ne peut pas toujours passer autant de temps que l'on voudrait ensemble, on se sent heureux·se, car on sait qu'on a partagé un moment unique qui nous rapprochera encore plus l'un·e de l'autre. On ne subit pas le manque, car on se sent comblé·e par les moments partagés et l'on a pleine confiance en ce lien que l'on cocrée au fil du temps. C'est ce qui nous permet alors de nous épanouir et de rayonner de bonheur. Car l'amour est bel et bien la communion des corps et des âmes pour pouvoir s'élever et ressentir un réel bien-être, aussi bien au niveau corporel qu'émotionnel ou psychique. L'Énergie d'Amour est vertueuse. Elle nous fait vibrer et sentir que l'on est profondément vivant·e.

Si l'on comprend cela, cette définition de l'amour devient notre boussole intérieure et notre meilleur rempart pour nous protéger contre tout ce qui n'est pas vraiment de l'amour. On pourra alors identifier rapidement les personnes susceptibles de vouloir nous faire du mal. Cela nous permettra de nous préserver et de ne pas tomber dans des relations toxiques ou bien dans la dépendance affective. Ces schémas sont extrêmement néfastes, car ce sont des situations dans lesquelles nous perdons notre propre pouvoir. On se retrouve rapidement à être dans l'attente de l'autre, de ce qu'il dira ou pas, de ce qu'il fera ou pas. On expérimente alors le manque comme si on était privé·e d'une drogue devenue si essentielle à notre bien-être qu'on ne peut plus s'en passer. On se sent vide et plus rien ne semble avoir d'importance, hormis cet autre qui nous fait défaut. On ne vit plus pour soi ni à travers soi, mais bien pour l'autre et à travers l'autre. On peut alors nourrir une obsession, et courir le risque de se perdre soi-même et de se noyer dans l'autre.

Aimer, c'est se montrer vulnérable et assumer de prendre des risques. Encore faut-il savoir à qui l'on peut vraiment montrer cette vulnérabilité pour ne pas être blessé·e. Certaines histoires nous combleront et d'autres pas. Certaines nous raviront et d'autres nous feront souffrir, car inachevées à cause de malentendus, de non-dits, de timings différents, d'envies différentes. On éprouvera alors du chagrin, de la tristesse, mais cela passera. Car le temps a ce pouvoir magique de guérison.

Chaque relation que nous décidons d'initier est une invitation à ce que cet autre fasse un bout de chemin avec nous. Peu importe si c'est l'espace d'une nuit, d'un jour, d'une semaine, d'un mois ou bien de plusieurs années. Dans cette relation, nous le découvrirons, mais nous nous appréhenderons aussi nous-mêmes d'une manière différente au travers de son regard. L'autre sera donc un miroir qui nous renverra notre reflet, avec nos zones d'ombres et de lumière. Chaque rencontre vient nous révéler quelque chose sur nous. Alors peut-être nous surprendrons-nous à découvrir de nouvelles facettes de nous-mêmes qui nous étaient jusque-là complètement inconnues.

Les liens que nous cocréons avec l'autre sont à l'image de la vie : impermanents et changeants au fil du temps. Rien n'est donc jamais acquis, et rien n'est pour toujours. Si l'on comprend cela, alors on saura profiter de l'instant présent sans forcément chercher à se projeter dans le futur avec l'autre. Cela nous permettra aussi de nous connecter à notre liberté en tant qu'individu, de rester ou bien de partir si cela sonne juste pour nous.

Personnellement, c'est ce que j'ai entrepris de faire lorsque je sentais que la forme d'amour dans laquelle j'étais avec mes partenaires ne me correspondait plus, et qu'elle ne sonnait plus juste pour moi. J'ai donc préféré les quitter, car je respectais bien trop l'histoire que nous avions construite ensemble pour rester.

Les raisons d'une séparation sont diverses et variées : pour certain·e·s ce sera parce ce qu'on ne s'aime plus, parce qu'on souffre trop en étant ensemble, parce qu'on se dispute sans arrêt, parce qu'on a évolué de manière différente et que cet autre qui nous ressemblait tant nous semble maintenant étranger, parce qu'on fuit une relation toxique, parce qu'on ne supporte plus la routine. Il y a autant de raisons de se séparer que de couples.

Mais on peut aussi se quitter parce que l'on s'aime tellement qu'il vaut mieux tout arrêter et reprendre chacun sa liberté. Pour cheminer autrement. Par respect pour soi mais aussi pour l'autre. Pour ne pas blesser, pour ne pas mentir et pour ne pas trahir ce couple qui avait été créé à deux dans l'amour et par amour.

Se séparer est un acte de courage, car il est bien plus facile de rester dans sa zone de confort que de tout chambouler. Il est bien plus facile de faire comme si tout allait bien, comme si rien n'avait changé et comme si on ne s'était pas éloigné·e de cet autre.

Se séparer est aussi un acte de respect et d'honnêteté envers soi-même et envers l'autre. J'ai toujours considéré que ce qui définit vraiment un couple est le désir. Le désir sexuel, l'envie et le besoin d'être au plus près de l'autre, mais aussi ce désir dévorant de partager sa vie avec cet autre. De se projeter avec lui. Sinon, on parlerait d'amitié et pas d'amour. Je peux partager, par exemple, le lit d'un ami, mais je fais l'amour avec l'homme qui m'attire comme un aimant et auquel je ne peux ni ne veux résister. Je peux vivre avec un ami, mais je me projette avec l'homme que j'aime, avec lequel j'ai envie d'évoluer. Quand ce désir s'éteint, alors le couple, à mes yeux, n'existe plus.

Se séparer est aussi un acte d'amour, car on rend sa liberté à l'autre en lui laissant la possibilité de rencontrer un nouvel amour et d'initier une nouvelle histoire avec quelqu'un qui sera en résonance avec lui. Qui sonnera juste pour lui et qui lui correspondra davantage.

Alors oui, se séparer fait mal et cela peut être déchirant. On souffre et on sent son cœur se briser en mille morceaux. On se sent cassé·e de l'intérieur, en se demandant comment on va trouver la force de survivre à cette séparation. Mais on y arrive. Grâce au temps qui guérit tout. Dans ce processus, il faut juste vivre un instant après l'autre, sans projection, car regarder au-delà de l'immédiat peut être extrêmement douloureux. Alors on y va pas à pas, jour après jour, et on entreprend ce chemin de convalescence que je décris ainsi dans mon *Petit Oracle des Guidances Étoilées* : « Vis une étape à la fois. Vis au jour le jour. Concentre-toi sur tes émotions et leur évolution. Aujourd'hui, tu vas mieux. C'est la seule chose qui compte. Demain est un autre jour. »

En ce qui me concerne, j'ai eu la chance d'avoir dans ma vie des hommes extraordinaires. Deux d'entre eux m'ont profondément marquée. Et après plusieurs années passées ensemble, j'ai pris la décision de les quitter. Je les ai aimés si fort que même s'ils ne sont plus là, ils font encore partie intégrante de moi car je pense à eux tous les jours. Ils sont en moi. Ils m'habitent, alors je continue d'être unie à eux. Au-delà de la mort pour l'un, et au-delà d'une séparation physique pour l'autre.

Aimer l'autre, c'est aimer sa liberté. C'est se quitter quand on ne s'aime plus assez pour rester ensemble et l'accepter. C'est le laisser partir même si cela nous déchire. Car nous sommes libres d'évoluer au gré de nos envies et de nos désirs. Nous pouvons prendre des chemins différents, et cela est juste pour chacun·e d'entre nous.

Les séparations ont toujours été pour moi une sorte de libération et un renouveau. Car elles ont été mûrement réfléchies et ressenties. Elles ont représenté un choix délibéré qui m'ouvrait à de nouveaux horizons. Ainsi la fin d'une histoire marquait-elle le début d'une nouvelle vie pleine de promesses et d'aventures.

En ce qui concerne mon amour de jeunesse, je l'ai quitté pour aller m'installer au Chili, découvrir mes origines et mon pays, étudier la psychologie et vivre pleinement ma vie de jeune femme. Cette décision a donc ouvert un champ de possibles que j'ai saisi à bras-le-corps. J'ai mis fin à une histoire qui avait été extrêmement intense et passionnée, car cela était juste pour moi à ce moment-là. Je devais passer à autre chose et m'ouvrir sur le monde. J'avais besoin de vivre des choses légères, d'échanger avec des personnes de mon âge, de me concentrer sur mes études, d'apprendre de nouvelles choses et de découvrir un pays qui m'a émerveillée jour après jour.

Quant à la séparation d'avec le père de mes enfants, elle s'est faite après de longues années de vie commune car nous nous étions rencontrés très jeunes, lorsque j'avais 19 ans.

C'était la première fois de ma vie depuis mes 15 ans que j'étais seule, sans homme dans ma vie. J'ai donc découvert à 42 ans ce qu'était le célibat. Ce qui est craint par certain·e·s a été une véritable révélation pour moi. En effet, j'ai pu ainsi me retrouver, mieux me connaître, et j'ai éprouvé une sensation de liberté totale. Je me suis rendu compte que j'aimais vivre seule avec mes enfants et que j'appréciais aussi de ne pas les avoir près de moi, quand leur père les emmenait chez lui les jours de garde alternée. J'étais alors vraiment seule et je pouvais faire ce que je voulais de ma vie de femme, car cela n'engageait que moi. Je me suis alors reconnectée à la séduction, à la passion, à l'exploration du plaisir avec d'autres hommes, et je me suis reconnectée à la liberté d'aimer et à la sensualité. Une reconnexion vertigineuse et exquise.

Aujourd'hui, j'envisage les relations de couple avec beaucoup d'espace et de liberté. Car j'ai besoin d'avoir mon chez-moi rien qu'à moi. J'aime disposer de mon temps et faire ce que je veux, avec qui je veux et où je veux, sans avoir à rendre de comptes à qui que ce soit. J'aime le fait de pouvoir accueillir le changement dans ma vie et de ne pas m'enliser dans une routine.

C'est ce qui est juste pour moi et aligné avec la femme que je suis aujourd'hui. Peut-être que cela ne le sera plus demain, mais à l'instant où j'écris ces lignes, ça l'est. C'est ainsi que je conçois l'amour et le désir entre un homme et une femme. L'important est que chacun·e d'entre nous puisse trouver sa propre définition, et que celle-ci sonne juste en chacun·e de nous.

Il n'y a pas de recettes magiques ni de règles à suivre : soyez juste vous, pleinement connecté·e à vos envies et vos désirs, qui sauront vous guider. Si vous êtes en couple, profitez de ces instants qui vous font vibrer, gardez en tête que rester avec l'autre est un choix que nous faisons au quotidien, et que si un jour la magie n'opère plus, vous êtes libre de vous séparer par amour pour vous et pour l'autre, et que oui, il est aussi juste de se dire : « Je t'aime, donc je te quitte… »

Chapitre 8

Voir avec le cœur

« On ne voit bien qu'avec le cœur, l'essentiel est invisible pour les yeux. »

Antoine de Saint-Exupéry
Le Petit Prince

Le Petit Prince est un livre merveilleux, par sa pureté et l'Amour qui en émane. Cette phrase est précieuse, pleine de sagesse et de ressources. Il s'agit d'une douce invitation à ouvrir grand son cœur et à ressentir ce qui lui fait du bien. D'appréhender ce qui le met en joie et ce qui le fait vibrer. Car en se connectant à son cœur, on voit juste. Et bien souvent, on se surprend à découvrir des choses que l'on n'avait pas vues jusque-là.

J'ai mis des années à comprendre cela. À identifier ce qui était essentiel dans ma vie et ce qui ne l'était pas. J'ai vécu des années dans le superflu, dans la frivolité. Pendant longtemps, j'ai cru que pour être heureuse, il me fallait AVOIR : avoir une maison, avoir un compagnon, avoir des enfants, avoir un travail, avoir de l'argent. J'étais dans le paradigme de l'AVOIR, qui appelle toujours à la quantité. À davantage. À acheter, à surconsommer. À en vouloir toujours plus, car jamais assez, jamais satisfaite, jamais assez vite. Et puis j'ai compris qu'il fallait ÊTRE. Être ici et maintenant, être amoureuse, être heureuse, être mère, être femme. En ce moment précis. La vie s'est montrée dure avec moi avant que je parvienne à le comprendre. Elle m'a poussée dans mes retranchements, m'a dépouillée de presque tout, m'a mise à nu pour que je comprenne que le fait d'ÊTRE, c'est expérimenter le bonheur dans toute sa puissance, et qu'il se conjugue au présent. Que je n'ai besoin que de l'essentiel pour être heureuse et pour que l'Énergie d'Amour puisse circuler dans ma vie. Et c'est tout.

Aujourd'hui, je sais ce qui est essentiel dans ma vie, pour mon bien-être, mon équilibre et mon épanouissement. Ce dont j'ai besoin pour être en phase avec moi-même et avec les autres. Mes enfants sont essentiels, car ils sont irremplaçables et je les aime plus que tout au monde. Mes sœurs d'âme et ma mère sont essentielles dans ma vie, car nous nous complétons et nous nous soutenons. Mes ami·e·s sont essentiel·le·s, car ils et elles forment la famille de cœur que j'ai choisie. La passion que j'ai pour mon travail est essentielle aussi, car sinon je ne peux pas vibrer, et si je ne vibre pas, je ne peux pas vivre pleinement. Tout ceci est donc essentiel à ma vie car irremplaçable. Et parce que tout l'or du monde ne pourrait pas contrebalancer cela. Et c'est tout ce dont j'ai besoin pour ÊTRE.

J'ai appris cela par moi-même, à mes dépens, mais aussi grâce à ma sœur d'âme Lorena. C'était à l'occasion de l'atelier de *psiqueflamenco* dont je vous parlais dans l'un des chapitres précédents. Cela faisait très longtemps que je ne l'avais pas revue, mais malgré cela nous nous retrouvions comme si nous nous étions vues la veille. Avec la même complicité et le même amour l'une pour l'autre.

À cette époque, je gagnais très bien ma vie et je vivais dans un grand appartement haussmannien à Paris. Elle a passé quelques jours chez moi et est arrivée avec un tout petit sac à dos dans lequel elle avait ses affaires. Elle partait par la suite en Inde pour une durée indéterminée, car elle était tombée amoureuse de ce pays au cours d'un de ses voyages, et elle y avait trouvé une famille d'âmes qu'elle allait voir régulièrement. Je lui ai alors demandé si elle avait d'autres bagages avec elle, et elle m'a répondu par une phrase qui est restée gravée en moi, car porteuse de sens : « Il y a des étapes dans lesquelles la vie rentre tout entière dans un sac à dos ; tout ce dont j'ai besoin est là. » Cette phrase a été pour moi une révélation, car elle me signifiait que l'on n'avait besoin de presque rien finalement pour vivre. Que l'on n'avait besoin que de l'essentiel au niveau matériel, et que la véritable richesse se trouvait à l'intérieur de nous et non à l'extérieur.

Je la regardais et je voyais une femme libre, rayonnante, solaire, heureuse et épanouie, qui s'était délestée de tout ce qui était superflu. Qui s'écoutait et qui vivait au gré de ses envies. Elle n'avait besoin que d'elle-même et de cultiver ce qui la mettait en joie. À sa manière, elle avait trouvé le moyen de déjouer un système qui nous pousse à cocher des cases, à rentrer dans un moule et à consommer indéfiniment. Son point de départ, c'était elle-même. De quoi avait-elle besoin pour vivre ? Pour être heureuse ? D'être elle, tout simplement, en s'écoutant. Elle incarne pour moi la liberté totale. Elle s'appartient à elle-même. Elle est l'air, la terre, le feu, l'eau. Elle se laisse porter par la Vie, s'écoute, met en mouvement son corps et le laisse vibrer au gré de ses envies.

Aujourd'hui, je la regarde et je la trouve encore plus belle qu'à 17 ans, parce qu'elle rayonne. Elle est joie, sourire et amour. C'est une amie de laquelle j'ai énormément appris et de laquelle j'apprends encore beaucoup. Elle est d'une sagesse qui me fait un bien fou. Malgré la distance qui nous sépare, due à ses nombreux déplacements et au décalage horaire qui peut parfois compliquer nos appels, nous nous envoyons des enregistrements audio lorsque nous avons besoin d'échanger. Elle me raconte l'endroit où elle est, ce qu'elle fait et ses réflexions du moment. Et je fais de même. Lorsque j'ai besoin de ses conseils, elle trouve toujours les mots justes pour me réconforter et me guider sur de nouvelles pistes de réflexion. J'ai beaucoup d'admiration pour elle et surtout beaucoup d'amour. J'éprouve une immense gratitude de l'avoir dans ma vie.

Et vous ? Savez-vous ce qui est essentiel dans votre vie ? Arrivez-vous à identifier ces personnes qui vous font du bien, qui sont indispensables à votre équilibre et à votre bien-être ? Savez-vous ce qui vous met en joie ? Ce qui vous procure du plaisir et cette sensation d'être vivant·e ?

La joie est indispensable à nos vies pour éprouver du bien-être et se sentir épanoui·e. Quand nous éprouvons de la joie, notre corps se met à sécréter des endorphines qui nous font ressentir du plaisir et qui nous procurent une intense sensation de bien-être. La bonne nouvelle, c'est qu'il ne dépend que de nous d'activer ce plaisir ou pas. Encore faut-il que nous en prenions conscience et que nous nous autorisions à être joie. En effet, il nous arrive bien trop souvent d'être si occupés à gérer nos problématiques quotidiennes que nous laissons de côté les plaisirs de la vie. Nous sommes si pris par notre train-train quotidien que nous oublions que nous détenons tous un super-pouvoir : celui de cultiver le plaisir pour être joie.

(Re)mettre du plaisir dans sa vie est essentiel à notre bien-être. Ce n'est pas optionnel. Ce n'est pas : « Si j'ai le temps de..., alors je me ferai plaisir. » C'est d'abord : « Je me fais plaisir », car cela change tout. Se faire plaisir est si fort, si intense que cela vient tout chambouler et transformer. On peut appliquer ce même principe à la gestion de nos problématiques quotidiennes : il ne s'agit donc pas de régler les problèmes d'abord afin de peut-être cultiver la joie et le plaisir ensuite. Il s'agit d'abord de cultiver la joie et le plaisir pour ensuite attirer les bonnes énergies et ainsi pouvoir régler les problèmes. Et cela change tout. Alors je vous invite à prendre le temps de vous observer et de regarder autour de vous. Et de le faire à partir du cœur. Sans filtres, sans tabous. En restant dans votre authenticité, dans votre vérité.

En étant vous, tout simplement. Cela vous permettra d'identifier tout ce qui vous met en joie : ce que vous faites, mais aussi les personnes qui vous font du bien et qui participent à ce que vous soyez la meilleure version de vous-même. On dit très souvent que nous sommes la moyenne des cinq personnes que nous fréquentons.

Alors quelles sont ces personnes ? Est-ce qu'elles vous font du bien ? Vous tirent-elles vers le haut ? Ont-elles un impact positif sur vous ? Et lorsque vous êtes avec elles, ressentez-vous qu'elles vous mettent en joie ?

Je souhaite maintenant vous parler du bonheur. De celui qui est là, présent dans nos vies, tous les jours, à chaque instant, à portée de main, mais que nous ne voyons pas. Parce que nous avons perdu cette merveilleuse capacité de l'enfance à vivre dans l'instant présent, à le savourer, à le vivre intensément et à comprendre que la vie est là, et que c'est maintenant, ni avant ni après, ni dans le passé ni dans le futur, mais là, sous nos yeux, que cela a lieu. Et c'est à cet instant précis que cette magie opère.

Je vais donc vous parler du bonheur avec un petit b, de celui qui réside dans des choses toutes simples auxquelles on ne fait pas ou plus attention, car bien trop quotidiennes à nos yeux, mais si importantes, si essentielles.

On passe en effet la plus grande partie de notre vie en quête du Bonheur avec un grand B. De celui qui est loin et qu'il faudra atteindre un jour, et qui nous comblera. Alors seulement, nous pourrons dire que nous sommes heureux·ses. Le bonheur que nous ressentirons le jour où nous aurons décroché l'emploi de nos rêves, le jour où nous aurons fondé une famille et que nous aurons des enfants, le jour où nous rencontrerons l'amour de notre vie, le jour où nous trouverons enfin la stabilité financière qui nous fait défaut aujourd'hui. Tant de phrases comme celles-ci inondent nos vies. Un bonheur qui est encore loin et vers lequel il faut courir. Un bonheur qui n'existe pas encore et qui nous échappe. Nous faudra-t-il donc arriver à atteindre ce bonheur pour nous sentir épanoui·e·s ? Heureux·ses ? Comblé·e·s ? Combien de temps faudra-t-il attendre encore pour dire : « Je suis heureux·se » ? Ne passerions-nous pas à côté d'un autre bonheur ? Du bonheur qui est là, au quotidien dans nos vies, mais si évident qu'il devient invisible à nos yeux ?

Bien souvent, les objectifs que nous nous fixons en lien avec le bonheur sont en relation étroite avec des stéréotypes et des clichés qui nous ont été transmis par nos familles, par l'école et/ou par notre entourage. Or, ce qui fera le bonheur des un·e·s ne fera pas le bonheur des autres. Car non, toutes les femmes ne souhaitent pas devenir mères et n'attendent pas de l'être pour se sentir heureuses. Non, tout le monde n'a pas besoin de gagner un salaire mirobolant pour se sentir heureux. Non, tout le monde ne souhaite pas acheter une maison pour avoir le sentiment d'avoir réussi. Dans cette course au bonheur pas encore acquis, on peut rapidement s'épuiser et se sentir frustré·e·s. Car jamais assez rapide, jamais assez bien, jamais assez tout court. C'est la course vers l'obtention du plus, plus, plus. Mais est-ce une course vers le mieux ? Vers ce qui nous fait réellement du bien ? Ne passerait-on pas alors à côté du vrai bonheur tout simplement ? D'un bonheur si évident à nos yeux qu'il finit par nous échapper ? D'un bonheur qui n'est pas assez valorisé ? De ce bonheur avec un petit b ? Celui qui est là dans nos vies et qui est à la portée de notre main ?

La définition du bonheur est personnelle. Elle n'appartient qu'à vous. Alors, si vous décidez de stopper votre course effrénée vers ce bonheur encore si lointain et que vous ouvrez grand votre cœur, vous pourrez écouter ce qu'il a à vous dire.

Je vous livre ce que dit le mien, et tout ce qui me rend heureuse au quotidien :

La promesse d'un nouveau jour qui commence. Ouvrir grand les fenêtres pour laisser entrer l'air frais du matin. L'odeur du pain grillé et du café tout juste fait. Ouvrir les yeux et voir le sourire coquin de mes enfants, écouter leurs rires pleins de fraîcheur et d'innocence. Les voir grandir. Les voir heureux. Avoir une fille, l'embrasser, l'aimer. Faire des câlins le matin dans mon lit avec mes enfants. L'air pur et frais juste après la pluie. L'odeur de la terre mouillée et de l'herbe tout juste coupée. Une matinée ensoleillée. Me baigner dans la mer. La regarder et me perdre dans son immensité. Fermer les yeux et écouter le bruit des vagues. L'air marin. Sentir comme il gifle mon visage. Le sable chaud. Les fruits d'été. Leur fraîcheur. Marcher pieds nus dans l'herbe. Rire. Séduire. Regarder les bulles de champagne qui pétillent. Un bon dîner. Rencontrer des gens. Parler, échanger, débattre. Me sentir libre. Sentir que le monde m'appartient et que tout est possible. Que tout peut arriver. Partir en vacances. Voyager et ressentir un dépaysement total. Les ami·e·s. La beauté. Aimer avec passion. La sensualité. Faire l'amour. Désirer un homme et sentir qu'il me désire également. L'érotisme. Des mots qui, par leurs seules sonorités, représentent ce qu'ils sont : « gourmandise », « chuchoter », « se lover », « crépiter ». Les surprises. Les cadeaux. Les couleurs de l'automne. Les fêtes de fin d'année. Les décorations de Noël qui scintillent dans les rues de Paris. Qu'il fasse froid. La vitesse. Les voyages en train. Regarder les paysages qui défilent. Ne penser à rien. Me balader. Flâner. Me maquiller. M'offrir des moments pour moi toute seule. Écrire. Conduire ma voiture et sentir que je dirige ma vie comme je l'entends. Faire des projets. Être au chaud chez moi quand il pleut. Me blottir contre l'homme que j'aime. Me sentir protégée. Un feu de cheminée. Le bois qui crépite.

Vivre… Tout simplement…

Et vous, où trouvez-vous ce bonheur ? Quelles sont les choses qui font sourire votre cœur ?

Chapitre 9

Faire ce que l'on aime pour vibrer à l'unisson avec l'Univers

« Faire ce que l'on aime est l'élément central
pour avoir une vie d'abondance. »

Wayne Dyer

Pourquoi ferions-nous des choses que nous n'aimons pas faire ? C'est sûrement la question qui a surgi dans votre tête en lisant le titre de ce chapitre. Et pourtant, c'est le cas. Nous passons une grande partie de notre vie à faire des choses que nous n'aimons pas faire, par obligation, parce que nous sommes habitués à les faire et que si nous les avons faites jusque-là, nous pouvons bien continuer encore un peu. Cependant, nous oublions un point capital : que nous avons le pouvoir de changer les choses. Car faire ce que l'on aime change tout. On se sent vivant·e car on éprouve du plaisir, et cette sensation nous met en joie. Nous introduisons alors de l'amour dans nos actes et dans nos réalisations.

Pendant des années, j'ai fait un métier que je n'aimais pas. J'aimais gagner l'argent qu'il me procurait, mais je n'appréciais pas vraiment ce que je faisais. Je n'étais ni heureuse ni épanouie. Car comment l'être lorsqu'on n'est pas aligné·e avec ce que l'on aime faire ? Quand on n'utilise pas les talents qui nous rendent uniques ?

Et pourtant j'ai choisi ma carrière de psychologue avec mon cœur. J'aime dire que je le suis par vocation et par passion. Par vocation, car j'ai toujours su que c'était cette discipline que je souhaitais étudier et aucune autre. J'en étais pleinement convaincue, car l'univers de la psychologie me faisait vibrer et me passionnait. Je me rappelle d'ailleurs que lors de mon inscription à l'université au Chili, nous devions formuler des vœux au cas où notre candidature ne serait pas retenue pour la formation choisie. Mais cela m'était impossible, car j'étais si certaine de ce que je souhaitais faire que je ne pouvais pas me résoudre à formuler d'autre vœu que celui d'être admise en psychologie. Ce qui s'est bien évidemment produit...

C'était une évidence pour moi, car j'ai toujours été attirée par les sujets en lien avec l'humain. Depuis ma petite enfance, j'ai toujours éprouvé de la fascination pour sa complexité, pour ses forces et ses faiblesses, pour ses zones d'ombre et de lumière. Et le fait de pouvoir accompagner des êtres en souffrance résonnait pour moi. Il n'y avait pas l'ombre d'un doute : c'était ça ou rien. J'ai donc été acceptée en psychologie et j'ai commencé cette merveilleuse aventure en plongeant dans les rouages du comportement humain. Depuis, la psychologie fait partie de mon quotidien. Il n'y a pas de séparation entre mon métier et ma vie, car celle-ci fait partie de moi. Je m'en sers pour tout : pour comprendre la réalité dans laquelle je vis, pour mieux appréhender le développement de mes enfants, pour écrire, pour faire évoluer les personnes que j'accompagne, pour aider mes ami·e·s quand ils et elles en ont besoin et pour provoquer des prises de conscience.

Lorsqu'il m'a fallu choisir ma spécialité à l'université, entre psychologie du travail et psychologie clinique, j'ai immédiatement choisi cette dernière, car il était évident pour moi que pour être une bonne psychologue, il fallait avoir cette connaissance pointue en termes de pathologies. J'ai découvert un monde passionnant, nous étudiions les troubles du comportement et nous nous rendions également une fois par semaine dans un hôpital psychiatrique pour observer des patients. J'ai donc choisi ma spécialité avec mon cœur. Et pourtant, je n'ai que très peu exercé dans ce domaine-là. J'ai commencé à travailler dans une école, et puis j'ai ouvert mon propre cabinet où je recevais les enfants avec leurs parents. L'Univers m'a ensuite offert une opportunité que je ne pouvais pas refuser. Celle de travailler au sein de la Chambre de commerce franco-chilienne à Santiago. Pour moi qui avais grandi en France et résidais au Chili, c'était le poste rêvé, car je maintenais le lien avec la France au travers de mon travail et je mettais au profit des autres ma double culture et mes expériences de vie, aussi bien en France qu'au Chili. Et puis j'avais l'opportunité de parler français à longueur de journée et d'animer un réseau de Français installés au Chili. J'ai accepté ce poste et j'ai fermé mon cabinet. C'était extrêmement intéressant, car je recevais des candidats francophones en recherche d'emploi sur le territoire chilien et je les mettais en contact avec les entreprises françaises membres de la Chambre de commerce. C'est à cette époque que j'ai donc découvert le monde de l'entreprise et des affaires.

Quelques années plus tard, j'ai été embauchée par L'Oréal pour un poste de responsable de recrutement au Chili et j'ai vite enchaîné avec une promotion au siège parisien. Peu à peu, sans même m'en rendre compte, je me suis éloignée de mon cœur de métier. Je me suis transformée en recruteuse et j'effectuais des transactions : un client interne avait un poste à pouvoir et je lui trouvais LE candidat pour ce poste. Certes, j'utilisais certaines de mes connaissances de psychologue pour évaluer le candidat, mais quelqu'un n'ayant pas ma formation aurait également très bien pu faire ce travail. Elle n'était pas vraiment indispensable pour exercer ce métier. Mais comme je faisais partie d'une entreprise de renommée internationale et que j'étais régulièrement promue, j'ai continué sur ma lancée sans me poser trop de questions. À cette époque, j'étais très attirée par le monde de la beauté, des cosmétiques, et travailler chez L'Oréal était très prestigieux. J'étais donc particulièrement fière de mon parcours.

Et puis un jour, je n'ai plus aimé y travailler, j'ai démissionné, j'ai fait mes valises et je suis repartie m'installer au Chili où j'ai créé mon propre « cabinet de chasse » et de conseil en ressources humaines, que j'ai dirigé pendant dix ans. Mon entreprise a connu l'abondance et le succès, et j'ai très bien gagné ma vie pendant des années. J'étais devenue une experte en recrutement, et comme je récoltais les fruits de mon travail, je continuais à le faire sans trop me poser de questions et cela malgré le sentiment, au plus profond de moi, que ce travail ne me correspondait pas vraiment. Mais comment aurais-je pu avoir envie de changer de métier si je gagnais autant d'argent ? Tout tournait autour de la quantité. De contrats juteux avec plusieurs zéros, mais aussi de volumes impressionnants de personnes qu'il fallait rencontrer rapidement pour trouver au plus vite le candidat idéal.

Je n'étais plus dans un paradigme de qualité, mais bien celui de la quantité. J'étais devenue une femme d'affaires, avec de grands bureaux à Santiago, avec des salariés, qui passait sa vie à travailler et à surconsommer. Dans mes moments de liberté, j'achetais. Quoi ? Tout et n'importe quoi, car j'avais de l'argent à dépenser. Alors je dépensais. J'achetais des vêtements que je ne portais presque pas, et pourtant je continuais à en acheter. J'avais des employé·e·s chez moi, je voyageais et je ne connaissais pas ce que le mot privation voulait dire. Mais l'Univers se chargerait rapidement de me le faire savoir.

Il se trouve qu'au bout de sept ans de cette vie, j'ai perdu un énorme contrat et tout s'est écroulé. L'Univers m'avait envoyé un message extrêmement puissant, mais je n'ai pas su le voir car mon paradigme de vie était centré sur l'abondance matérielle. J'ai dû licencier une partie de mon personnel, je n'ai pu garder que mon assistante et j'ai décidé de me battre pour décrocher de nouveaux contrats afin de reconstruire ce qui s'était brisé. Mais rien ne fonctionnait. J'enchaînais les réunions, et rien. Cependant, je m'obstinais. Et puis, après avoir tout essayé, j'ai dû me rendre à l'évidence : il me fallait mettre la clé sous la porte.

J'ai beaucoup souffert de cette défaite, car moi qui avais connu la renommée et la réussite, j'expérimentais maintenant le revers de la médaille. J'ai commencé à ne plus me sentir à ma place à Santiago, et j'ai pensé qu'après tout, un cycle de vie était désormais fini au Chili et j'ai souhaité repartir vivre en France. J'ai donc embarqué mari et enfants et nous nous sommes installés à Paris, ce qui ressemblait à un grand saut dans le vide. Mais j'étais certaine, à ce moment-là, que c'était la solution à tous nos problèmes et que nous pourrions remettre les compteurs à zéro en rentrant en France. J'avais un besoin immense de renouveau et de laisser derrière moi cet échec cuisant, qui était très douloureux. Mais c'était une fuite en avant.

Une fois arrivés à Paris, nous avons pris le temps de nous installer, de procéder à l'intégration de nos enfants à l'école et, au moment de chercher un emploi, j'ai bien évidemment postulé à des offres en ressources humaines puisque c'était ce que j'avais fait jusque-là. J'ai donc exercé comme recruteuse pour différentes structures. Mais plus le temps passait, et plus je me rendais compte que mon métier ne me plaisait plus. Je me sentais complètement aliénée et j'avais l'impression de travailler à la chaîne, sans aucun sens. Je travaillais seule de chez moi, je passais ma vie au téléphone à faire passer des entretiens à des candidats que je ne voyais pas et que je criblais de questions pour savoir s'ils cochaient les critères transmis par le client. Moi qui aimais l'humain, je me retrouvais dans la déshumanisation la plus totale. Je me rappelle avoir travaillé quatorze heures d'affilée par jour, week-ends inclus, avoir brassé un volume énorme de CV et de candidat·e·s pour, finalement, n'en connaître aucun·e vraiment. J'ai alors commencé à me rendre compte que j'exerçais un métier qui n'avait aucun sens pour moi, et que cela me pesait au quotidien. Je ressentais de la frustration et beaucoup de colère de me retrouver dans cette situation.

Mes défenses immunitaires ont commencé à baisser, je suis tombée malade plusieurs fois, jusqu'à contracter une pneumonie qui a duré des semaines. Il aura fallu que j'endure tout cela pour comprendre que je ne pouvais pas aspirer à être sereine et épanouie si mon travail n'avait aucun sens pour moi, si je ne l'aimais pas vraiment. Je me suis donc retrouvée, à 43 ans, en quête de sens, avec la ferme intention de trouver des missions dans lesquelles je prendrais vraiment du plaisir et qui seraient alignées avec ma mission de vie et ma passion pour la psychologie.

Mais quel métier exercer ? Comment arriver à (re)trouver mon chemin ? Devais-je renouer avec la psychologie clinique ? Dans un cabinet ? Dans un hôpital ? Me confronter à la souffrance humaine au quotidien ? En mode individuel ? Travailler en solitaire ? Non, car j'avais travaillé seule pendant des années et j'avais plus que tout besoin de faire partie d'un collectif. De voir du monde, de rencontrer des gens, de les connaître et de révéler leur lumière intérieure. Il me fallait d'autres dimensions pour me sentir vraiment nourrie. J'ai donc réfléchi à ce que j'aimais faire : communiquer, aider, transmettre, conseiller et animer une communauté. Il fallait que ce nouveau métier contienne tous ces ingrédients pour que je puisse me sentir à ma place et épanouie. J'ai ouvert grand mes yeux et mes oreilles et je suis partie en quête d'informations. Sur quoi ? Sur tout et sur rien. Je me suis dit que j'irais du général au particulier, et que lorsque je trouverais ce que je cherchais, je le saurais au plus profond de moi-même. De manière intime et privée.

J'ai donc erré sur les réseaux sociaux, j'ai beaucoup lu et je me suis laissé guider par mon intuition. Je me suis fait confiance et j'ai fait confiance à l'Univers. Je commençais à comprendre que si tout ce que j'avais fait auparavant ne m'avait pas nourrie jusqu'alors, c'était parce que je devais changer de voie pour être dans la justesse et l'alignement le plus total. L'Univers m'a alors menée à un point précis qui a provoqué un déclic en moi : le sujet du développement personnel. J'ai découvert un nouveau monde dans lequel le bien-être était placé au centre des préoccupations, et où chaque action entreprise avait pour but de trouver de nouvelles ressources pour se sentir bien dans sa peau et heureux. Tout cela a fortement résonné en moi. C'était le complément parfait à ma formation de psychologue pour toucher le plus grand nombre de personnes. J'explorai alors le monde de la psychologie positive. J'avais étudié la psychologie pour traiter la souffrance humaine, certes, mais je ne pouvais pas me nourrir que de cela.

J'avais besoin d'une vision plus positive, et c'est ce que j'ai trouvé avec ce courant créé par Martin Seligman, chercheur en psychologie, figure de proue de la psychologie positive. La psychologie positive s'applique à travailler sur les ressources intérieures de chacun, pour rendre les gens plus heureux. Car oui, on peut cultiver le bonheur et le bien-être au quotidien. Et c'est ainsi que j'ai trouvé ma voie. Aujourd'hui, je fais un métier que j'aime. Qui me fait vibrer car il donne du sens à ma vie. Je sens que, chaque jour, je me transcende à travers lui et que je laisse quelque chose en héritage aux personnes que j'accompagne. Je leur transmets des outils qui leur permettront d'expérimenter un mieux-être et d'avancer sur leur chemin de vie en étant plus sereines et apaisées.

Il m'a fallu du temps pour comprendre ce qui s'était passé au travers de tous les événements que j'avais vécus. Car j'ai beaucoup souffert et j'ai eu énormément de mal à me détacher de la peine, de la colère et de la tristesse. De mon ego aussi. Mais peu à peu, j'ai réussi à prendre du recul et de la hauteur, et j'ai réussi à reconstituer le puzzle et la logique qu'il y avait derrière tout cela. J'ai alors compris que chacune des souffrances que j'avais vécues n'avait qu'un seul but : me rappeler qui j'étais vraiment et ce pour quoi je vivais. Des portes s'étaient fermées devant moi pour que je puisse en ouvrir d'autres. C'est ce qui m'avait permis de bifurquer et d'emprunter un nouveau chemin. En avançant sur celui-ci, j'ai donc pu changer et exploiter mon plein potentiel. Car j'aime les gens. Profondément. Je ressens un besoin profond de les connaître, de les appréhender et de les accompagner. Ce faisant, je me respecte et m'honore. Car c'est ainsi que je vibre et que je me sens utile et vivante.

J'accompagne des personnes pour qu'elles comprennent qu'effectivement la vie n'est pas un long fleuve tranquille, mais que chaque obstacle a un objectif : celui de nous réaligner avec nous-mêmes. Pour ne pas nous perdre. Pour ne pas dilapider nos vertus et nos qualités. Et pour mettre à profit nos talents. Chacun·e le fera de manière différente en y imprimant sa personnalité et le sens qu'il souhaite lui attribuer.

Je vous propose alors une nouvelle lecture des événements de votre vie, quand ceux-ci ne se déroulent pas comme vous le souhaitiez. Je vous invite à porter sur eux un nouveau regard et à vous questionner : quel est le message derrière cet événement ? Que suis-je appelé·e à changer ? À faire ? Quels sont mes ressentis ? Que me dit mon intuition ? Suis-je vraiment aligné·e avec qui je suis ? Avec mes valeurs ? Avec ma vocation ? Avec mes envies ?

Si vous sentez que vous n'aimez pas ce que vous faites (et peu importe le domaine), rappelez-vous que le pouvoir est en vous pour effectuer le changement qui vous apaisera. Le défi est bien d'incarner votre vérité, qui vous êtes réellement. Le reste suivra, faites-vous confiance et faites confiance à l'Univers, qui saura vous envoyer des messages pour vous alerter.

Retenez aussi ceci : faire ce que l'on aime n'est pas optionnel. C'est l'essence même de la vie. Nous sommes venu·e·s sur Terre pour cela. Pour faire ce qui résonne juste pour nous, pour ce qui vibre avec notre être tout entier. Car cela nourrit notre âme au quotidien. En faisant ce que nous aimons, nous cultivons nos émotions positives et nous pouvons ainsi multiplier notre joie à l'infini et faire circuler l'amour et l'abondance dans notre vie.

Vous voulez de l'abondance dans notre vie ? Alors vibrez l'Amour et la joie et laissez-vous guider par votre meilleure alliée dans cette aventure : votre intuition. Faites-vous confiance et vous saurez alors (re)trouver votre chemin pour vibrer à l'unisson avec l'Univers.

Chapitre 10

Poser l'action juste pour se réaligner avec l'Univers

« La folie, c'est de faire toujours la même chose
et de s'attendre à un résultat différent. »

Albert Einstein

Vous est-il arrivé de faire quelque chose avec passion et de n'obtenir aucun résultat ? Ou pire encore, de sentir que tous les efforts déployés n'ont servi à rien et que vous vous retrouvez bloqué·e, dans une impasse ? C'est ce que j'ai vécu au quotidien ces dix dernières années. Aussi bien professionnellement que personnellement. Et pourtant, j'étais persuadée que ce que je mettais en œuvre était ce dont j'avais vraiment besoin. Mais je ne l'obtenais pas. J'avais l'impression de m'être tapé la tête contre les murs mille et une fois, et je n'arrivais pas à comprendre pourquoi tout ne se déroulait pas selon mes souhaits. Car il m'avait toujours suffi de désirer quelque chose ardemment pour l'obtenir. Pourquoi cela ne fonctionnait-il plus comme cela ? Je ne comprenais pas. Il a fallu que l'Univers me pousse dans mes retranchements et qu'il provoque ma chute pour que je puisse enfin comprendre que je n'étais pas une victime et que je ne subissais pas ce qui m'arrivait, mais que c'était bien moi qui le provoquais. Car oui, j'étais l'actrice de ma vie, mais dans le mauvais rôle. Parce que celui-ci ne me correspondait pas ou plus. Parce qu'il n'était pas en cohérence avec ma véritable nature, et que tout ce que j'entreprendrais à partir de là serait voué à l'échec. Je ne posais tout simplement pas les actions qui étaient justes pour moi à ce moment-là.

Le monde que nous avons construit est binaire : blanc ou noir, bien ou mal, lumière ou obscurité, amour ou haine, et il en va ainsi pour tout ce qui nous entoure. Alors quand quelque chose marche, c'est très bien et quand quelque chose ne marche pas, tout va mal. Et on s'arrête là. Et on a tendance à ne pas vouloir aller chercher plus loin. On commence alors à se plaindre, à se victimiser, à se désespérer, à tourner en rond et à se dire qu'il faut réessayer ; mais comme on n'a pas compris, on continue sur la même voie et on finit par tomber dans un cercle vicieux dont on n'arrive plus à sortir car on est épuisé·e psychologiquement, émotionnellement et physiquement. Car on n'a pas pris un temps qui est essentiel : celui de se poser les bonnes questions et de remettre en cause la justesse de nos actions. De se demander si ce que je suis sur le point d'entreprendre est vraiment juste pour moi, si cela me fera avancer en cohérence avec qui je suis et ce qui me fait du bien. Car il n'y a pas de bien et de mal absolus. Il y a ce qui est bien ou mal pour moi, et ce qui est bien ou mal pour vous.

Quand j'ai fermé mon entreprise à Santiago (à la suite de la perte d'un gros contrat, comme mentionné dans le chapitre précédent), j'ai continué à vivre comme si rien d'important ne s'était passé et à reproduire le schéma de vie qui était le mien jusque-là. J'étais, je m'en rends compte aujourd'hui, dans le déni le plus total. Car j'étais persuadée que je remonterais la pente et que j'arriverais à réussir à nouveau dans le même domaine, en faisant exactement la même chose. Il m'était si insupportable de penser que j'aurais peut-être à modifier mon niveau de vie que je n'ai pas pu comprendre, à ce moment-là, le puissant message qui était pourtant là, sous mes yeux. Mais je n'étais sûrement pas prête pour l'entendre à l'époque.

Mon entreprise était donc à l'arrêt, mais moi je continuais à alimenter un système de vie fondé sur la surconsommation. J'achetais tout et n'importe quoi. Car acheter me nourrissait. Je dépensais des sommes astronomiques en voyages, en restaurants, en vêtements, en nounous, en chauffeurs, etc. J'étais dans la surconsommation la plus totale et la plus effrénée. Lorsque je sortais, je consommais. Si je passais un week-end au bord de la mer, je logeais dans des hôtels sublimes et je trouvais toujours une boutique où acheter quelque chose sans même regarder les prix. Je n'attribuais plus aucune valeur aux choses puisque je pouvais obtenir tout ce que je souhaitais. Je vivais dans un paradigme purement matériel.

J'ai mis des années à comprendre que cette compulsion à acheter venait combler une peur ancrée au plus profond de moi, et que jusque-là je n'avais jamais vue : celle du manque d'argent. Pourtant avais-je manqué d'argent dans ma vie ? Jamais. J'ai grandi au sein d'une famille qui avait de très beaux moyens financiers et je n'ai jamais manqué de rien. Mais l'argent était le moyen qu'utilisait mon père pour nous contrôler. Pour exercer son pouvoir, notamment sur ma mère. Celle-ci ne travaillait pas et dépendait financièrement de lui. Je l'ai vue souffrir à cause de cela. Combien de fois a-t-elle voulu le quitter, sans trouver la force suffisante pour le faire ? Tout cela par peur. De ne pas oser franchir le cap, car elle ne savait pas comment faire pour gagner sa vie et n'arrivait pas à assumer qu'elle devrait forcément renoncer à son niveau de vie à un moment donné. Alors je me suis juré à moi-même que cela ne m'arriverait jamais. Que je gagnerais des sommes folles pour pouvoir être autonome et ne jamais dépendre de qui que ce soit. Car j'avais vu à quel point l'argent pouvait être utilisé comme une arme pour écraser et contrôler. Et j'ai réussi, car c'était en cohérence avec mon histoire et cela faisait sens.

Mais lorsque j'ai perdu ce contrat dont je vous parlais et que mon entreprise a coulé à pic, je n'ai pas été capable de comprendre le message qui m'était alors délivré ; j'ai donc déployé tous mes efforts pour reconstruire à l'identique mon univers qui était en train de sombrer et pour lequel je m'étais tant battue. Et je me suis entêtée, car je considérais que ce qui m'arrivait n'était pas juste. Que j'étais une victime et que la vie et l'Univers me mettaient des bâtons dans les roues pour m'empêcher d'avancer. Alors je me suis rebellée. Et j'ai agi sous le coup de la colère et de l'énervement. Et j'ai persévéré sur une route qui avait été la mienne mais qui ne l'était plus. Mon combat a été sans relâche et ceci pendant des années. Aussi bien au Chili qu'une fois arrivée en France.

Je suis passée par des montagnes russes pendant des années, et il a fallu attendre que je tombe malade physiquement et émotionnellement pour que je me rende compte que ce n'était plus le chemin juste pour moi et qu'il fallait que je passe à autre chose. Car je devais découvrir autre chose. L'Univers ne me punissait pas en ne me donnant pas ce que je souhaitais, il me donnait une opportunité : celle de changer, de faire autrement. Je pouvais donc accéder à une nouvelle route qui serait juste pour moi et mon évolution, et qui serait alignée avec ma véritable nature.

J'ai donc entamé un long processus d'introspection. Douloureux mais nécessaire. Plonger à l'intérieur de soi et y voir des zones d'ombre dont on n'avait pas conscience peut être très perturbant. Mais j'ai réussi à voir et à comprendre ce que je n'avais pas su voir auparavant. J'ai compris que je devais tourner une page et faire le deuil d'une période de ma vie, mais non sans avoir, avant, vraiment compris. J'ai alors découvert que ma relation à l'argent n'était plus saine car je l'utilisais à mon tour comme une arme. D'un point de vue psychologique, je faisais tout ce que ma mère n'avait pas pu faire. Je lui rachetais une vie.

Mais je n'étais pas alignée avec moi-même. Car ce n'était pas de moi qu'il s'agissait. Je réparais une histoire qui n'était pas la mienne, qui ne m'appartenait pas. Je pansais des blessures qui n'étaient pas les miennes. Je prenais ma revanche pour chacune des femmes de ma famille, pour le clan féminin d'origine libanaise dans lequel avait été élevée ma mère. Un matriarcat, mais qui n'avait jamais eu aucun pouvoir. Une lignée de femmes qui s'étaient soumises les unes après les autres aux hommes : aux pères, aux frères, aux maris, aux jeunes garçons. Des femmes qui n'avaient jamais pu exercer leur pouvoir et qui l'avaient offert sur un plateau d'argent aux hommes qu'elles vénéraient par-dessus tout. L'argent avait donc été le moyen que j'avais trouvé pour me sentir puissante et autonome. Autosuffisante. Pour ne jamais avoir à dépendre de quelqu'un. Mais j'avais sombré dans un extrême : celui de la surconsommation, et cette posture n'était pas en résonance avec celle que je suis vraiment. Cela ne pouvait donc pas perdurer.

Mais à cette époque, j'étais bien loin de voir tout cela et encore moins capable de le comprendre. J'ai donc continué à faire comme si tout allait bien alors que tout allait de plus en plus mal. Malgré ma recherche acharnée de nouveaux clients et un nombre impressionnant de réunions en tous genres, je n'avais pas décroché une seule mission. J'étais enceinte de 8 mois, sur le point d'accoucher de ma fille, et je me promenais dans ma voiture dans tout Santiago, courant d'une réunion à une autre. Courant après une vie qui m'échappait.

J'ai mis trop longtemps à prendre la décision de fermer mon entreprise, car cela représentait une impasse dans ma vie de femme libre. J'avais connu une réussite fulgurante et maintenant je vivais le revers de la médaille : celui d'un échec sur lequel il semblait impossible de rebondir malgré tous les efforts que je déployais.

« Que vais-je faire de ma vie maintenant ? » Telle était la question qui revenait sans cesse dans ma tête et qui me hantait jour et nuit. Et puis j'ai accouché, j'ai emménagé dans le nouvel appartement que nous avions acheté avant la rupture du contrat, et je me suis donc retrouvée, sans travail, à élever ma fille seule car la nounou qui s'en chargeait jusque-là avait démissionné au moment même où j'avais le plus besoin d'elle. Et, sans même m'en rendre compte, j'ai commencé à m'enliser dans une routine qui me tuait à petit feu. Je sentais que je n'avais plus aucune motivation, plus aucun challenge professionnel à relever, et que je devenais une mère au foyer comme l'avait été ma mère toute sa vie. Je revenais au point zéro. Et j'en étais consternée. Et je me disais : « Tout ça pour ça, pour rien. » Je me sentais vidée.

Une longue étape a alors débuté, avec au beau milieu de toute cela le retour à Paris. J'ai commencé à me chercher. À 43 ans. Très tard pour certain·e·s, trop tard pour d'autres. Moi je pense juste à temps. Parce qu'il est toujours temps de, il est encore temps de, il n'est jamais trop tard pour. Je me suis mise à chercher des réponses à des questions qui me semblaient n'en avoir aucune. J'ai beaucoup pleuré, je me suis parfois sentie complètement désespérée, étouffée, seule au monde, incomprise, et puis j'ai commencé à élargir mon horizon.

Petit à petit, je me suis rendu compte que je devais me réorienter vers une voie dans laquelle l'humain serait au centre de tout et au-dessus de tout. Alors, des notions comme spiritualité, bien-être et développement personnel me sont apparues. J'ai dévoré des livres, lu des articles et navigué sur les réseaux sociaux en cherchant un signe, un message qui pourrait m'aider à trouver ma voie. Pendant cette période, je me suis mise en position d'observatrice, en lâchant prise, en me faisant confiance, certaine que je trouverais des réponses et que celles-ci apparaîtraient comme des évidences.

Et puis le déclic est enfin arrivé : je devais redonner du sens à ce que je faisais. Je devais mettre au service des autres mon talent. Ce talent qui m'avait orientée vers la psychologie. Car oui, c'est par vocation qu'on choisit d'étudier le psychisme humain. J'y suis donc revenue. À celle qui rayonnait en moi et qui ne demandait qu'à sortir : la psychologie. Mais transformée, transmutée et enrichie : une psychologie plus intuitive, plus spirituelle, afin d'enclencher un merveilleux travail de développement personnel.

J'ai donc réorienté ma recherche d'emploi en tournant le dos au monde transactionnel du recrutement. Je me suis ouverte au marché et je me suis mise à chercher sur les réseaux sociaux des offres d'emploi par le biais de mots-clés qui faisaient sens et qui sonnaient juste : conseillère, formatrice, consultante, psychologue. Jusqu'à ce que l'évidence apparaisse devant mes yeux : un poste de conseillère en insertion professionnelle pour animer des ateliers pour les demandeurs d'emploi. Et cela a fait tilt en moi. Cela a vibré et résonné.

J'ai donc postulé et vous devinez la suite ? J'ai été recrutée, car c'était l'endroit le plus juste de la planète pour moi à ce moment-là. Nous étions en pleine crise du coronavirus, avec une forte augmentation des demandeurs d'emploi, et j'allais pouvoir mettre à leur service toute mon expérience de psychologue et de recruteuse afin de leur donner les outils nécessaires à leur recherche d'emploi et à leur réinsertion professionnelle. J'allais pouvoir allier mes deux expertises : celle de psychologue et celle de recruteuse, mais avec un sens puissant, celui d'aider des gens qui étaient dans le besoin. J'allais pouvoir les aider à reprendre confiance en eux, à gérer leurs émotions et leur stress, et j'allais pouvoir les entraîner à passer des entretiens, car qui mieux qu'une recruteuse expérimentée comme moi pouvait le faire ? Alors tout prenait sens.

Je suis arrivée dans une super équipe, avec des collègues d'horizons divers et variés qui avaient pour vocation commune le social. J'étais aux anges. Pour la première fois depuis des années, je me levais de « bonheur » pour aller travailler et je rentrais chez moi épanouie, car j'avais fait quelque chose d'utile pour les autres. J'avais semé des graines chez ces personnes pour qu'elles puissent aller mieux et prendre leur envol par la suite.

J'ai donc accompagné une centaine de personnes au fil des mois et, à chaque nouveau groupe que je recevais, je m'émerveillais de la richesse humaine. De voir comment on pouvait s'entraider, de voir la solidarité et l'amour qui nous unissaient tou·te·s. De voir la force et la magie du collectif opérer.

J'étais pleinement heureuse et épanouie dans mon travail, mais malheureusement la rémunération ne suivait pas et je me retrouvais en difficulté financière dès le 15 de chaque mois. Et j'ai compris que cela n'était pas juste non plus pour moi. Le contenu et les défis du poste me correspondaient complètement, mais pas la rémunération. Il ne pouvait donc pas y avoir d'harmonie sur le long terme. Et j'avais bien appris la leçon par rapport à la justesse des émotions et des actions. J'avais beau adorer mon travail, mon équipe, ma responsable et l'entreprise, je ne me sentais pas en équilibre. Je ne pouvais donc pas rester là, il devait y avoir une autre opportunité pour moi qui, cette fois-ci, sonnerait juste en termes de mission et en termes de salaire. J'ai eu ce déclic quand une collègue qui rencontrait les mêmes problèmes financiers que moi m'a dit : « Il est juste de vivre et non de survivre. » Cette phrase a résonné fortement en moi et a provoqué cette prise de conscience et ce point de non-retour. Et j'ai donc entrepris de chercher une nouvelle opportunité professionnelle qui, bien évidemment, est arrivée au moment le plus juste.

Alors je vous invite à observer les événements marquants de votre vie, à analyser ce qui a été fluide ou bien ce qui a été bloqué. Cela vous permettra de comprendre la notion de justesse qui est si particulière et si personnelle pour chacun d'entre nous. Car ce qui peut être juste pour moi ne l'est pas forcément pour vous.

À vous de découvrir maintenant où se trouve votre justesse afin de réaligner votre vie pour rayonner, vibrer et vivre pleinement cette palpitante aventure qu'est la vie !

Chapitre 11

Trouver sa place au sein de l'Univers

« Soyez votre propre lampe, votre île, votre refuge.
Ne voyez pas de refuge hors de vous-même. »

Bouddha

Trouver sa place est l'histoire de nos vies : trouver sa place au sein de sa famille, dans son cercle d'ami·e·s, dans son couple, dans son travail. Moi, je dirais trouver sa place tout court. Cette place où on se sent soi tout simplement, où on se sent bien et en harmonie avec soi-même et avec son environnement. Ne serait-ce que l'espace d'un moment, mais qui pourrait nous sembler une douce éternité si nous nous y sentons bien.

Je pense que c'est le défi de toute notre existence, car nos places ne sont jamais définitives. Elles évoluent sans cesse. Alors, on en trouvera peut-être une qui nous plaira l'espace d'un moment, et puis quand on sentira qu'elle ne nous correspond plus, on partira pour en trouver une autre qui nous séduira davantage. Car c'est ce qui nous mobilise au quotidien pour avancer, évoluer, changer, nous transformer. Ce qui faisait sens pour nous hier ne fait peut-être plus sens aujourd'hui. Une fois encore, rien n'est pour toujours. Rien n'est acquis. Nous avons besoin de ce mouvement pour incarner la vie que nous créons.

Finalement, notre place est là où nous souhaitons qu'elle soit. Nous avons donc le pouvoir de faire ce choix et de décider de là où nous souhaitons nous enraciner.

Alors on explore, on tâtonne, et puis il arrive, ce moment précis où une sorte de déclic opère. Cet instant où l'on se dit : « Je sais que ma place est ici, près de toi, près de ma famille, dans ce pays, dans cette maison, dans ce travail. » Car tout est fluide et semble couler de source. Car c'est ici et nulle part ailleurs que l'on souhaiterait être, pour tout l'or du monde ! On expérimente alors cette certitude dans tout notre être. On sait de manière très intuitive qu'on est à ce moment précis à sa juste place. On s'y sent bien, en harmonie, avec une envie folle de construire, de déployer des racines comme le ferait un arbre, pour s'ancrer au plus profond de la Terre. Pour y rester, pour s'établir, pour bâtir : un projet, une maison, une relation. Pour un jour ? Un mois ? Un an ? Dix ans ? Pour toujours ? Quelle importance ? S'ancrer véritablement, c'est expérimenter le pouvoir du moment présent dans toute sa puissance. Si un jour peut se vivre avec l'intensité d'un an, alors qu'importe ? Tant qu'on le vit vraiment et qu'on y est pleinement connecté·e...

Personnellement j'ai eu beaucoup de mal à trouver ma place dans ce monde. D'abord parce que j'ai vécu dans différents pays, ce qui rend très compliqué le fait de s'ancrer quelque part. Lorsque j'étais jeune, j'en ai beaucoup souffert car je me sentais tiraillée entre le Chili et la France, ne sachant pas où était ma véritable place. J'avais grandi en France jusqu'à mes 18 ans, et pourtant le sang qui coulait dans mes veines était chilien. Je n'arrivais donc pas à me définir. À décider si j'étais française ou bien chilienne. Comme si, pour me sentir légitime et vraiment à ma place, je devais choisir entre ces deux univers. Ceci m'a tourmentée pendant des années, car je ne me sentais à ma place nulle part. J'étais dans un entre-deux. En transit constant entre la France et le Chili. Et cela me faisait terriblement mal.

En effet, je vivais à Paris et je retournais au Chili pour les vacances ; j'y retrouvais alors mon clan familial libanais où il faisait bon vivre, au sein duquel j'étais choyée et aimée. Et puis je devais de nouveau m'arracher à ce cocon douillet pour repartir à Paris. C'était une vraie déchirure.

C'est pourquoi mon cœur a balancé pendant des années entre le Chili et la France. Et puis j'ai eu l'opportunité de vivre au Chili et de connaître vraiment ce pays dont j'étais originaire. J'y ai découvert des gens formidables, l'importance qu'avait la famille au sein de la société, la convivialité et une chaleur humaine qui réchauffait mon âme. J'y ai vécu pendant de nombreuses années, et des étapes importantes de ma vie y ont été célébrées : l'obtention de mon diplôme de psychologie, mon mariage, la naissance de mes trois enfants, ma vie de cheffe d'entreprise. Pendant toutes ces années, j'ai senti au plus profond de mon âme que ma place était là-bas et nulle part ailleurs. Je m'y sentais heureuse, épanouie, et je me sentais pleinement chilienne. Je me reconnaissais pleinement dans cette culture qui faisait sens pour celle que j'étais alors. Et puis, au fur et à mesure des années, je m'y suis sentie moins à l'aise, la société avait changé, il y avait un contexte social très tendu, avec beaucoup d'inégalités et d'injustice : j'ai senti au plus profond de moi que ma place n'était plus là. C'était une évidence. J'aimais mon pays, mais ce n'était pas l'endroit dans lequel je souhaitais continuer à évoluer. Je me sentais étouffée, avec un plafond de verre au-dessus de ma tête. Je suis alors revenue vivre à Paris, où je réside encore actuellement. Cette fois-ci, j'y suis revenue en tant que mère de trois enfants et à une étape de ma vie bien différente, afin d'y initier un nouveau cycle. Et il aura suffi que je pose le pied sur le sol français pour sentir que je revenais chez moi et que ma place était dorénavant bien ici.

En regardant mon passé, je me sens heureuse d'avoir pu trouver ma place au Chili pendant toutes ces années, car j'en avais besoin pour me sentir entière, complète. Pour comprendre que le sang qui coule dans mes veines et que la passion et le feu qui m'habitent au quotidien proviennent bien de ce pays plein de force et de vitalité. J'ai pu réunir en moi ce qui jusque-là me semblait être les deux éléments de ma dualité : mes origines chiliennes et ma manière d'être et de penser si française. J'ai aussi compris que ce qui m'avait semblé être un défaut pendant de nombreuses années était en fait une richesse inestimable, infinie. Finalement, ma place pourrait être dorénavant n'importe où, car je suis porteuse de ces expériences de vie, et ces deux pays m'habitent totalement. Car je suis eux.

J'ai pendant très longtemps cherché ma place, car je sentais qu'en la trouvant je serais en sécurité. Et que je trouverais enfin une certaine stabilité. Aujourd'hui et grâce à tous les événements que j'ai vécus, j'ai compris que ma place est à l'intérieur de moi. Et que c'est tout simplement là où je me sens en équilibre, où je me sens bien, en cohérence avec moi-même. Le fait d'avoir compris cela me libère des aléas du monde extérieur, et je deviens alors adaptable aux circonstances de la vie. Je ne dépends pas de ce qui se passe à l'extérieur de moi. Je préserve ainsi ma liberté et mon indépendance.

En ce qui concerne ma place au sein des autres sphères de ma vie, il est en de même : dès qu'un malaise se fait sentir, je pars pour de nouveaux horizons. Car le mouvement fait partie de nous et de nos vies.

Alors où est ma place aujourd'hui ? Et où sera-t-elle demain ?

Aujourd'hui, ma place est auprès de mes enfants car ils sont encore jeunes et je souhaite bien évidemment être présente auprès d'eux pour les accompagner, les aimer, les conseiller et les guider sur leur chemin de vie. Quand ils seront plus grands, ils quitteront le nid à leur tour car ils auront besoin de trouver leur propre place, et je devrai à nouveau repositionner la mienne d'une manière différente.

Aujourd'hui, ma place est d'accompagner des personnes et de les aider à voir les ressources qu'elles ont en elles pour éclore.

Aujourd'hui, à cet instant précis, ma place est d'écrire ces lignes que vous êtes en train de lire.

Aujourd'hui, ma place est à Paris.

Aujourd'hui, ma place est celle d'une fille qui profite de passer des moments de merveilleuse complicité avec sa mère.

Aujourd'hui, ma place est celle de vibrer avec la vie.

Aujourd'hui, ma place est de partager avec les gens que j'aime.

Et demain tout peut changer.

Alors un jour peut-être aurai-je envie de quitter Paris pour trouver une autre place dans ce monde ?

Un jour peut-être aurai-je envie d'exercer un autre métier ?

Un jour peut-être trouverai-je ma place auprès d'un homme avec lequel j'aurai vraiment envie de construire quelque chose ?

Alors ma place changera, et j'endosserai de nouveaux rôles qui me sont inconnus jusqu'à présent. Et cela n'en sera que plus passionnant.

Ma prochaine place sera finalement là où il fera bon être, là où je sentirai qu'il est juste pour mon âme d'habiter, l'espace d'un moment ou bien d'une douce éternité...

Chapitre 12

Honorer son corps pour danser avec la vie

> « Tout le monde devrait considérer son corps comme un don inestimable de la part de l'Un, celui qui aime par-dessus tout, c'est une merveille artistique, d'une indescriptible beauté, et d'un mystère au-delà de toute conception humaine, si délicat qu'un simple mot, un souffle, un regard, que dis-je, une pensée peut lui nuire. »
>
> **Nikola Tesla**

Pour que nous puissions vivre pleinement cette expérience terrestre qu'il nous est donné de vivre, il est fondamental de nous connecter à notre être tout entier. De faire fonctionner notre mental et notre corps. D'activer chacune de nos cellules, de faire vivre nos neurones, d'éveiller nos sens, d'écouter notre corps et de le mettre en mouvement. Car c'est ainsi que nous expérimenterons au plus haut niveau l'intensité de la vie, et que nous sentirons cette énergie vitale couler dans nos veines. Or, dans nos sociétés dites modernes, nous utilisons plus notre intellect que notre corps et cela crée bien évidemment un déséquilibre qui n'est ni juste ni sain pour nous. Les raisons invoquées sont multiples et varieront selon notre situation personnelle : par manque de temps, parce qu'on travaille trop, parce que l'on court toute la journée, parce que l'on est stressé·e·s, parce que l'on est trop fatigué·e·s, parce que l'on n'arrive pas à libérer du temps pour faire de l'exercice. Bref, il existe autant de raisons que d'individus.

Nous agissons comme s'il était optionnel de faire bouger son corps, alors que c'est loin d'être une option : c'est une nécessité vitale. Car nous avons besoin d'être en mouvement. La vie n'est que mouvement et impermanence, alors comment pourrait-il en être autrement pour nous ?

Nous ne sommes pas fait·e·s pour rester assis·e·s toute la journée derrière un ordinateur et être sédentaires. Nous avons des jambes pour courir, pour marcher, pour danser, des pieds pour nous connecter à notre Terre et ne faire qu'un·e avec elle, pour nous ancrer, des bras pour enlacer, pour aimer, des mains pour toucher et pour caresser. Cela semble si évident, et pourtant nous l'oublions car il nous faut à un moment ou à un autre rentrer dans le moule qui nous a été imposé par nos cadres professionnels et sociétaux.

Je me souviendrai toujours d'une histoire que nous avait racontée un jour l'un de mes professeurs de psychologie : il s'agissait d'une célèbre danseuse (je ne me rappelle plus son nom) qui, petite, bougeait tout le temps. Et on le lui reprochait sans cesse, aussi bien chez elle qu'à l'école car elle dérangeait et perturbait son entourage. Jusqu'au jour où elle a assisté à un spectacle de danse et au cours duquel, en voyant les danseurs, elle s'est exclamée : « Ils sont comme moi, eux aussi bougent tout le temps. » Elle avait donc trouvé sa place. Un lieu dans lequel elle pourrait s'exprimer au travers du mouvement, si essentiel à nos vies.

Quand perdons-nous ce lien avec notre corps ? Car enfant, nous l'avions. Nous étions tou·te·s connecté·e·s à lui et on ne le dissociait pas du reste de notre être. Il suffit d'observer les enfants pour s'en rendre compte. Les enfants bougent tout le temps ; ils sont complètement connectés à leurs besoins vitaux : s'ils ont faim, ils mangent, s'ils ont soif, ils boivent, s'ils ont sommeil, ils dorment ; s'ils ont du chagrin, ils pleurent, s'ils sont en colère, ils crient, s'ils sont heureux, ils rient. Car c'est ce qui est évident et naturel. Alors, quand nous déconnectons-nous de nos ressentis ? Quand on nous dit qu'il faut être sage comme une image à l'école ? Quand on commence à travailler et qu'on passe la majeure partie de notre journée assis·es derrière un ordinateur ? Quand on devient mère et qu'on ne peut plus écouter ses propres besoins corporels, car un nouveau-né dépend complètement de nous ? Quand ? Quel est ce moment où l'on oublie que l'on possède cette merveilleuse machine qu'est le corps ? Et qu'il est essentiel de l'honorer pour mieux vivre ?

Je crois que j'ai perdu ce lien au corps quand la maternité est venue tout chambouler dans ma vie. Jusque-là, j'avais toujours été à l'écoute de mon corps, et cela grâce à la pratique de la danse. J'ai commencé la danse classique à l'âge de 4 ans, au Conservatoire, à Paris. Et cela jusqu'à mes 12 ans. Et puis, par la suite, j'ai fait du modern'jazz, du tango, du flamenco, de la zumba, de la salsa, bref je n'ai jamais arrêté de danser, jusqu'au jour où je suis devenue mère. Avant cela, je ne pouvais pas concevoir la vie sans mouvement, car ce que provoquaient en moi les vibrations de mon corps quand il bougeait était bien trop puissant pour que j'arrête. Vivre c'était bouger, et bouger c'était vivre. Au travers du mouvement, je me transcendais, je me connectais au plaisir, à la joie. Jusque-là, j'avais écouté mon corps et lui avais donné tout ce dont il avait besoin : alimentation, sommeil et plaisir. La danse m'a permis d'en avoir une très bonne connaissance et un rapport très libre vis-à-vis de lui et de ses besoins. Je pouvais identifier ce qui me faisait du bien et ce qui me faisait du mal. Je cultivais le bien-être et le plaisir au travers de la danse et de la sexualité. De ce rapprochement intime avec l'autre dans lequel on se sent vivante et où on se dit : quoi de plus puissant et important que cela ? Je me suis toujours sentie libre avec mon corps, car j'ai vite compris qu'il était un outil extraordinaire pour expérimenter le plaisir, et que s'il allait bien, alors j'allais bien aussi. Il est bien là ce lien indissociable entre le corps et le mental. Et puis le corps humain est pour moi de toute beauté, c'est un véritable chef-d'œuvre artistique. Il est juste parfait. En plastique mais aussi en fonctionnement. N'est-ce pas le plus grand laboratoire au monde ? Et puis il engendre la vie. Alors quoi de plus beau et de plus magique ?

Et puis je suis devenue mère, et j'ai arrêté de danser car je ne voulais prendre aucun risque pendant ma grossesse. Mon premier enfant est né, et j'ai fait ce que beaucoup de mamans font : se mettre à l'arrière-plan pour s'occuper de leur enfant. Tout ce qui avait été régulier dans ma vie est devenu irrégulier. Je ne maîtrisais plus rien : ni le temps ni les cycles de mon corps. Je m'alimentais quand j'en trouvais le temps et je dormais quand mon enfant me laissait du répit. Puis j'ai rapidement eu un deuxième et un troisième enfant, et je finissais mes journées si épuisée entre le travail et eux que je ne pensais même plus à la danse. J'ai alors cru que je pouvais m'en passer. Mais mon corps m'a rattrapée.

J'ai commencé par expérimenter un profond mal-être aussi bien psychique que physique. Je me sentais constamment épuisée, lasse de tout et sans envie de rien. Je regardais mon corps dans le miroir, et je ne le reconnaissais plus. Je ne l'aimais plus. Je n'étais plus moi, celle que j'avais été avant de devenir mère. Mon ventre qui était si plat avant les grossesses ne l'était évidemment plus, mes seins qui étaient toniques et durs ressemblaient à des ballons dégonflés, et mes fesses qui étaient bombées étaient flasques et semblaient avoir perdu toute consistance. Je ne m'aimais plus, car je ne savais même plus qui j'étais vraiment. Je vivais en mode automatique toute la journée mais je n'étais plus. Je n'expérimentais plus. Il a fallu alors que je frôle la dépression pour que je me reconnecte enfin au pouvoir guérisseur et transformateur de la danse.

À cette époque-là, je vivais au Chili et je me souviens être allée m'inscrire à un centre de danse près de chez moi, pour des cours quotidiens du lundi au vendredi, car je suis du genre tout ou rien. Après ne pas avoir dansé pendant des années, je décidai de danser tous les jours. C'est sans doute mon côté Bélier qui me pousse à foncer tête baissée dans tout ce que j'entreprends. « Mais vous êtes sûre de vouloir prendre cinq cours par semaine ?, m'avait demandé la secrétaire. Ce sont des cours très intenses. » « Oui, complètement, c'est exactement ce dont j'ai besoin », lui avais-je répondu. Car cela m'était indispensable pour me sentir à nouveau vivante et pour me réapproprier mon corps, que j'honorais enfin. J'étais pleinement déterminée à le remettre en mouvement et à éprouver du plaisir.

Le premier cours auquel je suis allée était celui de zumba. Une professeure magnifique est arrivée, a mis la musique à fond et le cours a démarré sur des rythmes latinos qui me transportaient et m'invitaient à voir la vie d'une façon différente, plus légère et plus joyeuse. Au début, ça n'a pas été facile et j'ai bien cru que je ne serais pas capable d'aller jusqu'au bout. Au bout des dix premières minutes, j'étais complètement essoufflée, et j'ai cru que j'allais mourir quand la professeure a dit « C'est juste un échauffement, maintenant on passe aux choses sérieuses. ». J'ai regardé la porte de sortie, mais j'ai résisté, il fallait que j'aille jusqu'au bout. Que je continue sur ma lancée. Et j'ai tellement bien fait. Parce qu'il y a des moments comme ça dans la vie où on est sur le point d'abandonner et où on se dit à soi-même : « Je n'en peux plus, je n'en peux plus. » Mais si, on peut. On se bat et on y arrive. Et c'est ce que j'ai fait. Mais en y prenant du plaisir. En transpirant. En sentant la manière dont je me débarrassais des mauvaises énergies, dont les endorphines surgissaient en moi, dont je me connectais avec mon corps en me sentant la plus sensuelle des femmes en me déhanchant sur des rythmes latinos. Je me souviens être rentrée chez moi en me sentant si heureuse, si vidée de tout, et en même temps si remplie de bonheur et de satisfaction. J'avais l'impression de faire peau neuve. Je me rappelle aussi mon visage et son expression qui avait changé. Il y avait un avant et un après ces cours de danse. Je rayonnais et je me sentais pleinement vivante.

Le lendemain, j'ai enchaîné avec un autre cours : de la salsation, un mélange de styles et de rythmes. C'est un type de danse qui nous connecte avec la musique, sur lequel on pourrait presque danser les yeux fermés et deviner les prochains pas. Car il s'agit de cela. De sentir la musique. De la vivre. La professeure était également une femme splendide, bien latine, avec des courbes là où il faut les avoir. C'était un cours qui ne laissait aucun répit. Quand on croyait qu'on allait enfin pouvoir ralentir le rythme, la musique accélérait de nouveau et on enchaînait des chorégraphies. C'était si bon !

Tous les matins pendant un an, je déposais mes enfants à l'école et je partais à pied à mes cours. Et je vivais des moments d'extase pure. Je sentais comment chaque cellule de mon corps se réveillait, s'excitait, comment cette sensualité qui avait été enfouie au plus profond de moi refaisait surface, plus forte que jamais. Je me retrouvais enfin. Je me regardais dans le miroir et je me trouvais belle, forte et déterminée. Je me sentais femme dans toute sa splendeur, et je renouais avec mon pouvoir. Et je me disais à chaque fois qu'il n'y avait que ça qui comptait finalement : se faire plaisir et se faire du bien.

Lorsque j'ai quitté le Chili pour venir m'installer en France, je n'ai pas trouvé les cours de danse latino que je cherchais, ils n'étaient pas assez intenses pour moi par rapport à ce que j'avais connu au Chili. Je me suis alors tournée vers la danse classique, car il y avait un studio de danse à deux minutes de chez moi. Au début, je n'étais pas très convaincue car je me sentais très éloignée de la danse classique. En effet, je n'en avais plus fait depuis mes 12 ans. Une éternité. Mais je me suis dit qu'il ne fallait plus jamais que je cesse de danser, car j'avais déjà vécu cela et ne voulais plus jamais ressentir ce mal-être et ce vide à l'intérieur de moi.

Je me suis donc inscrite et ça a été magique. Car tout mon corps s'est souvenu. Des mouvements, des cambrures, du port de tête, du port des bras. On parle de la mémoire du corps, qui n'oublie jamais, et j'ai donc recommencé comme si je n'avais jamais arrêté. Et pourtant trente ans s'étaient écoulés. Mais mon corps s'est réveillé. J'ai découvert le plaisir d'avoir une parenthèse de temps dans ma vie. Deux fois par semaine, je me rendais dans la cour de l'immeuble parisien où les cours de danse avaient lieu. Et là, la magie opérait. Je me retrouvais dans une bulle qui était uniquement pour moi et dans laquelle je m'abstrayais de tout, de tout ce qui m'entourait, de mon quotidien, de ma vie d'entrepreneure, de ma vie de femme, de ma vie de mère, de tout. Il s'agissait juste d'une heure et demie pour moi, pour mon corps, pour me sentir connectée, pour fouler la terre avec mes pieds, pour faire quelque chose de gracieux, de beau, pour retrouver cette sensibilité, cette vibration de vie que peut donner la danse, pour me sentir pleinement vivante. Je me concentrais alors sur mon corps, sur mon énergie vitale, sur mes mouvements, et je me reconnectais à l'essentiel, au moment présent. Je n'étais nulle part ailleurs mais bien là, vivante. La magie opérait sur mon visage et sur mon corps car j'irradiais du bien-être en moi et autour de moi. Le fait d'avoir renoué avec la danse classique m'a permis de mieux maîtriser mon corps, de cultiver la grâce dans mes mouvements, et de me dépasser chaque jour pour que les mouvements deviennent plus précis. Car celles et ceux qui pratiquent la danse classique savent combien il faut être discipliné·e et rigoureux·se.

Et puis le coronavirus est arrivé sur notre planète. Il y a eu alors les confinements, la fermeture des studios de danse ; ma pratique est devenue irrégulière et j'ai arrêté de danser pendant presque dix-huit mois. À la rentrée 2021, j'étais bien décidée à reprendre les cours, mais j'ai fait une grosse chute dans l'escalier de mon immeuble. Une chute criante de vérité et une véritable révélation. Moi qui ne m'étais jamais rien cassé enfant, je me suis fracturé le sacrum. Je suis tombée sur les fesses et mon sacrum a accusé le coup. La douleur a été si vive et si aigüe que je ne pouvais plus prononcer un seul mot. Une fracture extrêmement douloureuse certes, mais qui m'a ouvert les yeux. Avant cette prise de conscience, j'ai bien évidemment éprouvé de la colère et un fort sentiment d'impuissance. Je me sentais frustrée car la consolidation de la fracture allait prendre trois mois, et il me serait donc impossible de reprendre le chemin du studio de danse. J'ai alors pensé que tout arrivait pour une raison, que cette chute avait forcément un sens et que l'Univers m'envoyait un puissant message par son intermédiaire.

Cette chute aurait pu être beaucoup plus grave qu'elle n'a été, même si j'avais très mal et que cela limitait mes mouvements. Il s'agissait donc une alerte. Si la chute avait été plus grave, je n'aurais peut-être plus jamais pu bouger, et l'histoire aurait été tout autre. Or je pouvais bouger. Pas immédiatement et pas comme je le voulais, mais je pourrais le faire dans quelque temps. La possibilité était donc réellement là. Je me sentais extrêmement frustrée de ne plus pouvoir danser, mais n'était-ce pas l'occasion de rebondir sur cette frustration, justement ? Et d'en avoir encore plus envie ? De revenir à la danse encore plus passionnément ? Le fait de devoir passer mes journées enfermée chez moi, allongée ou bien assise tant bien que mal devant mon ordinateur me donnait évidemment encore plus envie de danser et de faire vibrer mon corps au rythme de la musique. Le manque que ressentait mon corps le poussait immanquablement à vouloir renouer avec le mouvement. Et le fait que je me sois fracturé le sacrum n'était pas anodin non plus. Cela me parlait d'ores et déjà d'ancrage, mais c'est en surfant sur internet et en lisant ce qui suit que j'ai vraiment compris la puissance du message qui m'était adressé :

« Le sacrum ne porte pas le nom de “pièce sacrée” pour rien : il est comme un cristal semblable à une clef de voûte dans laquelle s'insèrent les ailes iliaques qui le prolongent. Il ressemble à un gros papillon archaïque dont le presque imperceptible battement des ailes impulse un mouvement plus large, celui de tout notre corps, sur un chemin qui a du sens et de la consistance. Dans l'art du mouvement libre, cette zone est réellement la source du mouvement harmonieux : même quasi immobile, tout mouvement plein naît de là. Par ailleurs, le sacrum comporte huit trous, nombre de l'infini et base du codage de notre ADN (64 combinaisons) : comme un clin d'œil au fait que l'Ancien puise dans la sagesse qui est en arrière de nous, l'Ancien, comme toute la famille des Sages, nous relie, au-delà de notre propre sagesse individuelle, humaine, à la mémoire de la Terre, manifestée par les cristaux, et nous rappelle aussi que la matière de notre corps appartient à la Terre et que nous avons tous, littéralement, des milliards d'années. [...] L'Ancien porte la mémoire de qui nous sommes au milieu des autres, il est le gardien de notre chemin de vie. Il nous rappelle que notre vie a un sens et il nous murmure depuis l'arrière du bassin : "Tu as des compétences uniques, qu'aucun autre ne peut réaliser à ta place. En cela ta vie est précieuse, pour toi et le monde". Il a confiance en nous. Se relier à lui, c'est se rappeler cette certitude que nous ne sommes pas là pour rien et qu'il existe un chemin de plein déploiement pour nous tous. » (https://lesneufsouffles.fr/symbolique-sacrum-ailes-iliaques-de-vessie-cartes-corps/)

En parcourant ces quelques lignes, j'ai ressenti des frissons dans mon corps tout entier, car cela ne faisait que confirmer ce que je savais déjà au plus profond de moi : que je devais incarner le mouvement et que je n'étais pas à ma place là où j'étais actuellement. Aujourd'hui, je sais que la danse n'est pas accessoire dans ma vie. Elle est essentielle. C'est dans cet instant où je me sens le plus heureuse au monde. Car je vibre. Je m'exprime au travers de mon corps. Je me connecte à la Terre et au ciel. Je suis mouvement car je suis vie. Alors je sais qu'il ne me suffit plus de danser seulement quelques heures, mais qu'une fois guérie la danse habitera mes journées et mon travail, mon quotidien tout entier. Comment ? Je ne le sais pas encore mais je trouverai la manière. Car ma place est bien là.

Alors comment faire pour réveiller notre corps et le dynamiser ? Pour éprouver du plaisir ? Pour faire exploser ces endorphines qui ne demandent qu'à être activées ? Si nous réprimons et bridons notre corps, il s'atrophie et nous passons à côté des sensations délicieuses qu'il peut nous procurer une fois mis en mouvement. Pour rester en bonne santé, nous nous devons de prendre soin de notre corps, de l'honorer, car c'est l'enveloppe physique qui nous permet de nous mouvoir dans le monde. Si nous ne le faisons pas, nous nous mettons en danger, aussi bien au niveau physique et émotionnel que psychique. Car la santé est une seule et même unité, tout comme notre corps et notre esprit. On ne peut les dissocier. Les risques liés au déni de nos sensations corporelles sont multiples : lombalgies, stress, problèmes cardiovasculaires, burn out, troubles du sommeil, etc.

J'ai aussi compris que la sédentarité n'était pas quelque chose de naturel, contrairement à ce que notre société nous fait croire. Il faut bouger et mettre du mouvement dans nos vies. Alors je danse, car je ne conçois pas la vie sans expression corporelle. Je danse partout, là où l'envie m'en prend. Dans ma cuisine, dans ma chambre, dans mon salon, seule ou avec mes enfants. À la fin de mes séances de renforcement musculaire à la maison, je me réserve toujours quinze minutes pour danser. Et je le fais en me regardant dans le miroir. Pour observer mon corps bouger, pour voir comment les expressions de mon visage changent, et pour ne pas oublier combien la danse est puissante et contribue à notre éclosion. Je me déhanche et j'observe la sensualité de mes courbes, je joue avec mes cheveux et je me sens terriblement femme, dans toute ma splendeur. Alors est-ce qu'il s'agit de moments de narcissisme pur ? Oui, et alors ? Qu'importe ! Tant que cela nous fait du bien et nous permet de nous sentir belles, puissantes et sensuelles.

J'aimerais partager avec vous un exercice que nous avait fait faire ma professeure de danse classique, et qui est très révélateur de l'importance que nous accordons ou pas à notre corps dans notre vie. Ce jour-là, elle nous avait demandé de changer exceptionnellement de place au fur et à mesure de la séance pour sortir de notre zone de confort. En effet, par commodité, nous étions toutes habituées à occuper les mêmes places à la barre, et celles-ci étaient en quelque sorte devenues NOS places. Elle souhaitait que nous puissions expérimenter le changement de position dans l'espace ainsi que le fait de se voir ou non dans le grand miroir du studio de danse. L'exercice ne s'arrêterait que lorsque nous aurions occupé chacune à notre tour toutes les places possibles dans le studio.

Ma place habituelle était face au miroir, car j'ai toujours aimé me regarder pour pouvoir corriger mes mouvements afin d'être le plus précise et gracieuse possible. Et parce que cela me permet aussi de constater mes progrès au fil des séances. Alors, quand il a fallu que j'occupe une place dans laquelle je ne voyais pas mon reflet dans le miroir, je me suis sentie extrêmement déstabilisée. Je perdais totalement mes repères par rapport à mon corps et à ses mouvements. Je me sentais perdue. J'ai alors compris à quel point j'avais besoin de percevoir mon image pour me sentir alignée et centrée.

D'autres élèves expérimentaient l'inverse : elles n'arrivaient pas à se regarder dans le miroir et baissaient les yeux face à leur image. Très mal à l'aise, elles ne souhaitaient qu'une seule chose : finir l'exercice et retourner à leur place. Alors, avaient-elles peur de se regarder ? D'observer leur corps ? De le voir en mouvement ? D'apercevoir l'expression de leur visage ? De ne pas se plaire ? Il y avait bien évidemment autant de raisons que d'élèves présentes dans cette salle ce jour-là. Mais cet exercice a mis en évidence les différentes manières que nous avons tous et toutes d'appréhender notre corps et la place que nous sommes disposé·e·s à lui accorder dans nos vies.

Aujourd'hui, je ne peux pas concevoir la vie sans danse. Qu'elle soit classique ou moderne. Peu importe. Je prends ce que chacune d'entre elles a à m'offrir. Mais quoi qu'il en soit, c'est le moyen que j'ai trouvé pour me sentir en équilibre avec mon corps, me faire du bien et m'épanouir dans ma vie. Pour bouger, pour vibrer et pour me sentir vivante.

Je marche aussi, autant que possible. Aujourd'hui, je préfère traverser tout Paris à pied que prendre les transports en commun. Alors parfois je marche deux heures par jour, alors que j'aurais pu faire le trajet en trente minutes. Mais j'aime mieux observer ce qui se déploie devant mes yeux que d'être enfermée sous terre.

Je suis pleinement à l'écoute de mon corps et des signaux qu'il m'envoie. Je me connecte à mes émotions et à mes sensations. Si je suis en joie, je souris et je ris ; si je suis triste, je pleure car j'éprouve le besoin profond de verser des larmes pour me sentir plus légère ; si je suis en colère, je crie. De la même manière, si j'ai faim, je mange et peu m'importe l'heure qu'il est. Car j'ai appris à reconnaître la sensation de faim et de satiété. Quand j'ai sommeil, je dors. Parfois à 21 heures et parfois à minuit. Mais je m'écoute. Si j'ai envie de rester chez moi et de ne pas sortir alors que la journée est ensoleillée, je le fais. Je ne m'impose rien et je ne laisse personne m'imposer quoi que ce soit. Car je me dois de respecter et d'honorer mon corps en en prenant soin. Notre corps ne ment jamais car le mouvement ne ment jamais. Notre corps nous invite à la vérité et à l'authenticité. Notre corps est magique, et c'est un temple sacré qu'il nous faut respecter et honorer.

De la même manière que je crée un espace pour la danse, je laisse de l'espace dans ma vie pour avoir une sexualité épanouie. Je me sens libre de faire l'amour et de m'abandonner au plaisir lorsque j'en ai envie. J'honore mon corps en lui permettant de ressentir la jouissance, expérience délicieuse et exquise qui nous fait vivre l'extase la plus totale. À 45 ans aujourd'hui, je m'autorise à vivre une sexualité purement physique en la dissociant de l'amour. Certes, j'expérimente de l'attirance et de fortes émotions vis-à-vis de mes partenaires mais je suis capable de m'en détacher par la suite et de continuer ma vie indépendamment d'eux. S'il y a une histoire à construire par la suite, tant mieux, et sinon, tant pis. Je prends le plaisir qu'il y a à prendre et j'en profite pleinement, en lâchant le mental. Car j'aime faire l'amour, et à travers cet acte, j'honore mon corps. Je le nourris avec du plaisir. Et quoi de meilleur que cela ?

La sexualité reste encore un sujet tabou dans notre société, surtout en ce qui concerne les femmes, car beaucoup d'injonctions et de préjugés s'en mêlent. On entend dire tant de choses qui n'ont aucun sens : qu'une femme ne peut pas faire l'amour sans être amoureuse, qu'une femme qui a plusieurs amants est une prostituée, qu'une femme qui n'a pas de relations sexuelles est frigide, etc. Mais l'énergie sexuelle représente l'énergie vitale : alors quoi de plus normal que de se laisser porter par elle ? En toute authenticité. Notre corps parle pour nous. Il suffit juste de l'écouter. Faire l'amour est un besoin vital, tout comme l'est le fait de s'alimenter, de boire et de dormir. Nous avons donc besoin de l'expérimenter pour être en équilibre et pour nous sentir épanoui·e·s.

Je vous invite donc à cette réflexion sur l'espace et sur le temps que vous accordez à votre corps dans votre vie. Écoutez-vous les messages qu'il vous envoie ? Le mettez-vous en mouvement ? Le nourrissez-vous avec du plaisir ?

Alors, comment allez-vous l'honorez pour danser avec la Vie?

Chapitre 13

Laisser parler son corps

« La réponse à ta question est dans ton corps.
Lui seul peut te dire ce qui est juste pour toi. »

Lorena

C'est l'un de mes plus grands apprentissages de ces dernières années. Enfant, nous nous fions à nos ressentis corporels : nous avons froid, nous nous blottissons auprès d'une source de chaleur ; nous avons sommeil, nous dormons ; nous avons faim, nous mangeons. Mais en grandissant, notre mental prend le dessus : nous nous éloignons des messages que nous envoie notre corps, car nous ne faisons confiance qu'à nos pensées qui prennent bien souvent le pouvoir sur lui.

Je souhaite partager avec vous ici une expérience qui pour moi a été révélatrice, et qui vous montrera que toutes les décisions ne doivent pas forcément passer par le mental comme on a souvent tendance à le croire.

Il y a quelque temps, j'ai eu à prendre une décision très difficile sur une proposition très tentante. Lorsque j'ai chuté dans l'escalier et que je me suis fracturé le sacrum, j'étais si désemparée d'être immobilisée que j'ai décidé qu'une fois remise, je ferais quelque chose de grand en lien avec la danse. J'ai toujours aimé la scène. Enfant, adolescente et adulte, j'ai joué dans des pièces de théâtre et j'ai dansé dans des spectacles. J'aime le fait de pouvoir m'exprimer verbalement et corporellement face à un public. De donner une parcelle de moi à cet Autre qui m'observe. Et je me suis toujours dit que dans cette vie ou dans une autre, je serais actrice ou bien communicante pour un média.

Un soir où j'étais seule chez moi, j'ai décidé de transformer ce rêve en réalité, et j'ai postulé à un casting de danse pour une émission de télévision. C'était une émission qui réunissait des célibataires passionnés par la danse, et qui organisait leur rencontre au travers d'une chorégraphie préparée à l'avance, chacun de son côté. Le jour de la rencontre, les deux célibataires sélectionnés se rencontraient donc en musique et en danse. Dans une sorte de comédie musicale. Je remplissais les deux critères principaux pour ce casting : j'étais célibataire et j'étais passionnée par la danse. J'ai donc postulé le soir même. Deux jours plus tard, j'ai été rappelée et j'ai passé plusieurs entretiens avec l'équipe de production. Dix jours après, je recevais une réponse positive. J'avais été choisie parmi des milliers de candidats pour participer à cette émission.

J'ai accueilli la nouvelle avec beaucoup de joie et de surprise, car il me semblait incroyable que ce rêve puisse devenir réalité aussi rapidement. Qui plus est, ma fracture était en train de se consolider et je pouvais donc reprendre le chemin des studios de danse, selon l'avis médical. L'équipe de production m'a donc demandé de leur confirmer mon accord et de leur renvoyer le contrat dans les meilleurs délais, car il fallait organiser le calendrier des répétitions et bloquer les dates de tournage.

Cependant, une fois l'émotion retombée, j'ai commencé à avoir des doutes. Et je n'étais plus certaine de vouloir participer. Quelque chose me chiffonnait au plus profond de moi, et je n'étais pas complètement convaincue de vouloir participer à l'émission. J'adorais danser certes, mais le fait de laisser entrevoir ma vie privée me gênait. Je me sentais empêtrée dans un mental qui ne me laissait aucun répit et qui élaborait mille et un scénarios, tous plus complexes et terribles les uns que les autres. Je n'arrivais pas à trouver de réponse, et je me sentais découragée. Si j'acceptais, j'allais peut-être le regretter par la suite car trop d'exposition, et si je disais non, j'allais peut-être passer à côté d'une opportunité intéressante qui pouvait m'ouvrir une voie royale dans le monde des médias et de la scène. J'avais donc peur de dire oui et de dire non. J'ai pendant plusieurs jours débattu le sujet avec moi-même et mes ami·e·s les plus proches, mais rien ne résonnait pour moi et le temps pressait : je devais donner une réponse. J'ai donc appelé ma sœur d'âme Lorena, dont je vous parle si souvent, et elle a eu des mots si forts qu'ils m'ont guidée sur un tout autre chemin de réflexion : celui du langage du corps.

Elle a eu ces mots magiques dont elle seule détient le secret : « La réponse à ta question est dans ton corps. Lui seul peut te dire ce qui est juste pour toi. Si tu restes dans le mental, alors celui-ci créera différents scénarios, et sèmera encore plus le doute en toi. Tu te poseras alors encore plus de questions et tout finira par n'être que confusion. Alors demande à ton corps de vivre cette double expérience : celle de dire oui et celle de dire non à cette émission. »

Pour cela, elle m'a invitée à effectuer un exercice merveilleux : celui de laisser parler mon corps et de lui accorder toute la place dans cette prise de décision.

Le schéma en était le suivant : trouver un moment de calme et de silence et me concentrer pleinement sur l'expérience que j'allais faire vivre à mon corps. Je devais me mettre debout au centre d'une pièce, les yeux fermés. Il fallait que je me connecte à ma respiration et que je sois pleinement consciente du moment présent. Si des pensées apparaissaient, je reconnaissais alors leur existence et les laissais tout simplement passer. Une fois que je me sentais pleinement sereine, il fallait que j'emprunte le chemin qui allait vers ma droite afin de cheminer vers l'expérience du NON : celle dans laquelle j'avais choisi de dire non à cette expérience, de rester chez moi et de ne pas participer à l'émission. Je devais vivre l'instant où je verrais l'émission de l'extérieur, comme une téléspectatrice de plus, mais non comme la protagoniste principale. Je regardais donc l'émission à laquelle j'avais choisi librement de ne pas participer. J'étais alors invitée à scruter mes ressentis corporels. Dans quel état était mon corps ? Que me disait-il ? Comment vivait-il cette expérience du non ? Je l'ai donc observé et je l'ai vu complètement détendu. J'avais l'impression d'être dans un cocon tout douillet dans lequel je me sentais protégée, à l'abri et à ma juste place. Je me sentais bien. En paix et en harmonie totale avec moi-même. Tous mes doutes s'étaient envolés.

Une fois que j'avais vécu cette expérience, j'étais invitée à revenir au centre de la pièce les yeux fermés, à faire une pause et à prendre cette fois-ci le chemin vers la gauche qui me ferait vivre l'expérience du OUI : je cheminais vers l'émission à laquelle j'avais décidé de participer, vers le studio de danse dans lequel auraient lieu les répétitions, et enfin vers le plateau de télévision, les lumières, les paillettes, les caméras et toutes les personnes que j'allais rencontrer. Que ressentait mon corps à ce moment précis ? Que me disait-il ? J'ai alors ressenti une forte crispation dans mon corps et celui-ci a cherché à rebrousser chemin. Je me sentais mal à l'aise et je ne voulais qu'une seule chose : revenir au point central de la pièce pour me sentir rassurée et soulagée. Je ne me sentais pas à ma juste place, j'étais au milieu d'un paysage qui ne me correspondait pas. Il y avait trop de lumière, trop de bruit, trop d'exposition. Je voulais fuir.

Mon corps avait donc parlé et m'avait donné la réponse qui était juste : celle qu'il souhaitait vivre et expérimenter. Mon mental, lui, ne m'avait laissé aucun répit, créant des scénarios tous plus complexes les uns que les autres, alors que mon corps m'avait parlé de manière limpide, directe, simple et sans détour.

Mon mental me tourmentait et me chuchotait : « Vas-y, tu es une communicante dans l'âme, c'est l'opportunité rêvée, tu ne peux pas refuser, tu l'as voulue et elle est arrivée plus vite que tu ne l'aurais cru, tu seras très exposée et cela t'ouvrira sans doute d'autres portes par la suite. » Et puis l'instant d'après, il me disait : « Non, ne le fais surtout pas, il y aura trop d'exposition, ça peut déteindre sur ta vie privée, tu risques alors de le regretter. » Tout n'était que contradictions, et je me sentais tiraillée entre ces deux extrêmes. Mais mon corps n'avait eu qu'une seule voix, un seul discours, celui de la vérité et de la cohérence.

J'ai donc dit non à cette émission, et aujourd'hui, si je devais prendre à nouveau la décision, je dirais non une fois encore. Mon corps ne m'a pas trompée. Il a été le révélateur de ma vérité et de mon authenticité à ce moment de ma vie. Je souhaite encore et toujours créer quelque chose en lien avec les médias et la danse, mais pas sous ce format-là. Oui, j'aimerais un jour avoir un espace dans lequel je pourrai utiliser ma voix et mon être tout entier pour parler de sujets qui sont importants pour moi, mais en respectant celle que je suis et sans avoir à dévoiler ma vie privée. J'aimerais le faire pour les vraies bonnes raisons. Le chemin que j'emprunterai sera peut-être plus long et il me faudra certainement plus de temps pour arriver au résultat désiré, mais qu'importe ? Car j'aurai été fidèle à celle que je suis.

Au travers de cette expérience, j'ai pu comprendre combien il est important d'écouter son corps dans les prises de décision, de lui faire une place. Nous sommes l'abstrait au travers de nos pensées et le concret au travers de notre corps, et nous avons aussi besoin de laisser parler cette partie instinctive et primitive qu'il représente. Il faut donc apprendre à cultiver ce dialogue et cette relation avec lui en lui faisant confiance, car il nous apporte des réponses différentes qui peuvent parfois être contradictoires ou complémentaires avec celles de notre mental. Mais quoi qu'il en soit, cette information vient enrichir notre réflexion et nous donner de nouveaux éléments qui pourront résonner en nous ou pas. Elle permet de nous appréhender sous un nouveau jour.

Je vous invite donc à tenter cette expérience la prochaine fois que vous aurez à prendre une décision, en créant ainsi ce pont et ce dialogue entre votre corps et votre mental. Alors vous pourrez fermer les yeux et écouter ce que votre corps a à vous dire…

Chapitre 14

Se connecter avec amour au moment présent

> « Je lui ai expliqué que j'avais abandonné la jeunesse le jour où j'avais arrêté de consommer les moments, de les vivre rapidement, les pressant pour savoir ce qu'il y avait après. Mon Nord était de façon si certaine le futur que je pressais le présent sans le savourer. »
>
> **Marcela Serrano**
> *Antigua Vida Mía*

Lorsque j'avais lu ces deux phrases, il y a des années de cela, elles m'avaient interpellée, mais je n'avais pas réussi à les appréhender dans toute leur ampleur. Car la première parle de jeunesse, et à l'époque où je lisais ces lignes, j'étais jeune et insouciante ; et la deuxième avait éveillé mon attention car il m'était impossible de ne pas penser à l'après, car j'avais toujours des tas de choses à faire et des projets plein la tête. Alors, pourquoi prendre la peine de se focaliser sur le présent si j'avais tant à faire et à découvrir dans le futur ?

Ce n'est qu'en 2020 que j'ai vraiment compris. Et pourtant, dans le monde du développement personnel, j'avais très souvent entendu les concepts de moment présent, de lâcher-prise et de gratitude.

Mais il a fallu que le coronavirus mette sous cloche notre belle planète bleue pour que j'expérimente vraiment le pouvoir du moment présent. C'est sans doute l'un des plus grands apprentissages que m'aura permis la crise du coronavirus. L'Univers nous a confronté·e·s à la puissance du moment présent, et nous n'avons pas pu faire autrement pendant des mois et des mois. En effet, nous avions perdu l'hier, la vie d'avant, et nous ne pouvions pas nous projeter dans un lendemain car le futur n'était qu'incertitude. Qu'allait-il se passer ? Allions-nous mourir ? Allions-nous perdre des êtres chers ? Allions-nous réussir à trouver un vaccin pour enrayer cette pandémie ? Face à tant de questionnements, nous ne pouvions que vivre au présent. Ici et maintenant. Car serions-nous là demain ? Nous nous sommes alors rendu compte que la vie ne tenait qu'à un fil et que nous n'étions que de petits grains de sable dans l'Univers. Nous avons donc été renvoyé·e·s à notre fragilité et à notre vulnérabilité. Et nous avons dû faire preuve d'une grande humilité pour accepter que nous ne contrôlions plus rien.

Cette crise, je l'ai vécue comme une grande claque. Car elle m'a confrontée au moment présent et à mon monde intérieur. Je ne pouvais ni sortir ni voir mes ami·e·s, mais je pouvais profiter intensément de chaque seconde de vie que j'avais. Car oui, j'étais en vie et j'avais la chance d'être en bonne santé et entourée de mes enfants.

J'ai alors décidé de vivre cette contrainte comme une opportunité. Et j'ai découvert des choses merveilleuses. La première, c'est que demain n'existait pas. Et le fait de ne plus avoir à penser au lendemain m'a déchargée mentalement. J'ai ressenti alors un soulagement énorme. J'ai arrêté de me formuler intérieurement ce que je devais faire dans les jours à venir et j'ai cessé de faire des *to-do lists* interminables. J'ai alors fait de la place pour n'être que dans le présent et, ce faisant, j'ai vraiment appris à lâcher prise. Car que me restait-il d'autre à faire dans cette tourmente ? Résister et souffrir ? Ou bien me laisser porter et savourer le présent alors que le lendemain pouvait même ne pas exister ? Sans aucun doute, cette dernière option me paraissait la plus riche et celle qui me permettrait de préserver ma santé mentale.

Car je ne contrôlais pas les événements extérieurs, mais en revanche je contrôlais mon monde intérieur et je prenais consciemment la décision d'être juste, ici et maintenant.

Alors j'ai fait comme les enfants. J'ai simplement accueilli l'instant présent avec simplicité et authenticité. Comme le dit si joliment Gérard de Nerval :

> « Qu'ils étaient doux ces jours de mon enfance
> Où toujours gai, sans soucis, sans chagrin,
> Je coulai ma douce existence,
> Sans songer au lendemain. »

Et j'ai commencé à savourer ce que je faisais à l'instant précis où je le faisais, sans penser à rien d'autre. J'étais. C'était tout. Alors quand je me réveillais le matin, j'ouvrais doucement les yeux et je sortais lentement de mon sommeil. Moi qui d'habitude sautais du lit comme sous l'effet d'un ressort, je prenais le temps de me réveiller tranquillement et de savourer chaque instant en pleine conscience. Je me connectais à la lumière du jour, je m'étirais et je ressentais combien il était bon d'éveiller mon corps tout doucement. Et puis mes enfants arrivaient dans mon lit pour faire des câlins et je savourais cet instant intensément, en me disant qu'on avait tant de chance d'être ensemble, d'être en bonne santé et de pouvoir se donner de l'Amour. Et puis je me levais, je tirais les rideaux et j'ouvrais grand les fenêtres pour laisser entrer l'air et la lumière d'un nouveau jour qui commence, et je respirais cet air à pleins poumons et c'était si bon. Et puis je buvais mon café et je fermais les yeux pour mieux sentir son arôme, et je le dégustais en le savourant avec plaisir. Et puis quand je me douchais, je ressentais combien l'eau sur mon corps me procurait du plaisir, quand je préparais à manger je humais les bons petits plats que nous allions déguster, et ainsi de suite pour tout. Et c'était si bon, si libérateur. Car je n'existais qu'au présent. Mes sensations étaient alors démultipliées car j'étais pleinement présente et concentrée sur ce que je faisais.

Je n'étais ni dans le passé, qui bien souvent fait surgir en nous de la nostalgie, ni dans le futur qui peut provoquer en nous de l'anxiété. J'étais, donc j'existais.

Je me sentais soulagée de ne pas avoir à organiser ma vie pour les jours et semaines à venir, car ma seule responsabilité était celle de vivre véritablement. J'ai ressenti un regain d'énergie et une grande légèreté mentale car je m'étais nettoyée intérieurement. J'avais réussi à faire taire mon mental pour être, tout simplement. Je vivais chaque jour après l'autre et j'étais sereine. Car tout passe dans la vie. Et cette crise allait passer aussi. C'est la loi de l'Univers. Le bon comme le mauvais, et moi j'étais bien décidée à savourer tout ce qu'il y avait de bon à vivre et à faire.

Comme je me sentais libre et sereine dans ma tête et dans mon corps, j'ai entrepris de prendre du temps pour soutenir les personnes qui me suivaient sur les réseaux sociaux et qui pouvaient se sentir angoissées. Je leur ai donc donné rendez-vous tous les samedis à 18 heures 30 sur mon compte Instagram, pour des séances de relaxation et pour nous recueillir dans l'Amour. Pour nous connecter au moment présent et pour élever notre vibration. Pour ne pas vibrer la peur mais bien l'Amour. Pour lâcher prise. Nous avons alors vécu de précieux moments. Des moments de reconnexion avec soi, mais aussi avec le collectif. Nous nous sommes relié·e·s les un·e·s aux autres en étant tou·te·s ensemble au même moment. En vibrant et en syntonisant la même fréquence de l'abandon, du lâcher-prise et de l'amour. Pendant des semaines, mon âme s'est nourrie de ces instants précieux et je me suis sentie pleinement heureuse.

Aujourd'hui, je suis capable de décliner ma vie au présent et je ne conçois pas de vivre différemment, car je m'y ressource. Je me dépollue mentalement et je renoue avec ce qui est vrai et essentiel. J'ai gardé précieusement cet enseignement en moi et le cultive au quotidien. Face aux difficultés, j'ai appris à lâcher prise et à ne pas penser à ce qui pourrait éventuellement se passer demain. J'avance au jour le jour. J'ai appris à ne pas anticiper des malheurs qui, dans la plupart des cas, n'arrivent pas. Je gère ce que j'ai à gérer et ce que je peux gérer, ce qui est de mon ressort. Et pour le reste, je m'en remets à l'Univers car cela ne dépend pas de moi.

De même, je n'arrive plus à comprendre tous ces gens qui ont des agendas blindés et qui organisent leur vie un mois à l'avance : les dîners avec des amis, les sorties, et pourtant j'ai été comme eux pendant très longtemps. Mais je ne le suis plus. Car comment savoir ce que j'aurai envie de faire dans un jour ? Dans une semaine ? Dans un mois ? D'ailleurs, serai-je encore là à ce moment-là ? Serai-je vivante ? Alors pourquoi tout planifier, tout organiser ? Pour se rassurer ? Pour sentir qu'on contrôle le futur ? Pour sentir qu'on a des choses à faire ? Pour ne pas se confronter à sa vérité ?

Il est évident que nous devons planifier certaines choses, mais devons-nous absolument tout planifier ? Ne pouvons-nous pas laisser de la place pour l'imprévu ? Pour expérimenter nos envies du moment ? Pour laisser la vie nous surprendre ?

Du coup, je ne planifie plus rien avec autant d'avance et je me laisse des plages horaires disponibles pour danser avec l'imprévu. Et si aujourd'hui j'ai l'envie soudaine de sortir me promener, alors je le fais. Et si aujourd'hui il fait gris et que j'ai juste envie de rester blottie sous ma couette à ne rien faire, alors je cède avec plaisir à cette tentation. Et si aujourd'hui j'ai envie d'aller prendre un café avec ma meilleure amie pour refaire le monde, alors je l'appelle. Et je suis et je fais. Tout cela au présent.

J'ai appris à ne plus être dans le paradigme de la performance où il faut toujours faire quelque chose pour se sentir productive. Si je ne fais rien, je ne fais rien et c'est déjà beaucoup. J'accueille le vide donc je fais. Je me laisse aller donc je suis. Je décide d'écouter. Mais quoi donc ? De m'écouter.

Il est midi et je suis encore au lit ? Oui, car pour mon corps c'est encore la nuit et il ne demande qu'une seule chose : se laisser rattraper par les draps. J'ai envie de manger ? Je mange. À 15 heures ? Oui, à 15 heures. Parce que j'en ai envie, tout simplement. Parce que mon corps en a besoin. Et puis une fois rassasiée, je n'ai envie de rien. Est-ce grave de n'avoir envie de rien ? Non, c'est nécessaire et juste. Je n'ai pas à être dans la productivité, dans la performance. Je suis là tout simplement dans le silence de ma maison et dans mon silence intérieur, et comme c'est bon !

C'est si bon de ne rien faire. De ne rien avoir à faire. De ne rien devoir faire. De faire rien. D'être là tout simplement. Le langage que nous utilisons crée notre réalité. Notre cerveau ne comprend pas la négation. À quoi bon utiliser des négations alors que nous avons ce merveilleux pouvoir de transformer le négatif en positif ?

Alors ne rien faire, c'est faire. Et c'est déjà beaucoup, non ? Et vous, prenez-vous le temps de faire rien ? D'être, tout simplement ?

Depuis cette crise, j'ai appris à vivre chaque jour comme si c'était le dernier. Avec intensité. Cela me permet de savourer l'instant présent, bien sûr, mais aussi de me recentrer sur ce qui est essentiel, sur ce qui compte vraiment. Et c'est ainsi que je me rends compte à chaque instant de la chance que j'ai : d'avoir un toit sur la tête, de manger à ma guise, d'être en bonne santé ainsi que mes enfants et les personnes qui me sont chères, d'avoir des ami·e·s en or, d'être aimée, d'aimer, d'avoir du temps pour moi, de danser, de marcher, de bouger, et je peux décliner cette liste à l'infini. Alors oui, je suis riche de tout cela.

Le moment présent nous offre cette opportunité exceptionnelle de sentir la vie palpiter en nous, d'en expérimenter toute la puissance et l'intensité pour ainsi pouvoir remercier la vie et l'Univers de tant de richesses.

Alors êtes-vous prêt·e à VIVRE pleinement ? Ici et maintenant ?

Chapitre 15

Se connecter à son pouvoir

« Ton pouvoir est immense. En as-tu conscience ?
Tu peux construire mais aussi détruire. Que vas-tu choisir ? »

Carélia Feris
Le Petit Oracle des Guidances Étoilées

J'ai compris très tôt que nous avions tou·te·s un pouvoir en nous qui nous permettait d'être maître de notre vie. Et qu'il était immense. Si grand que lorsqu'on se connecte à lui, on peut se sentir invincible. Cependant l'effet inverse peut être redoutable et terrifiant. Car si on perd ce pouvoir, alors on court le risque de naufrager.

Il s'agit donc d'un enjeu majeur de survie, au sens large du terme : physique, émotionnel et psychique.

J'ai grandi avec cette notion de pouvoir en moi, car j'ai vécu au sein d'une famille où la survie mentale dépendait de la préservation de son propre pouvoir. Je devais être attentive à ne jamais céder ce pouvoir à un autre. Je devais donc veiller sur lui au quotidien. Car je pouvais voir au sein même de ma famille ce qu'il se passait lorsqu'une seule personne détenait le pouvoir et décidait pour les autres. C'était le cas de mon père qui, grâce au pouvoir que lui avait cédé ma mère, était devenu un vrai tyran, nous faisant vivre dans la terreur.

Je me suis donc rendu compte qu'en cédant son pouvoir, on perd le contrôle de sa vie car on permet qu'un autre en prenne les commandes. On devient une sorte de marionnette avec laquelle l'autre peut jouer et s'amuser à sa guise. On court alors le risque de ne plus savoir ce que l'on veut vraiment, de passer à côté de sa vie et de soi-même ; les conséquences sont terrifiantes, car on perd peu à peu son identité, sans plus savoir vraiment qui on est. On se soumet à l'Autre et ses désirs deviennent alors des ordres. On n'est plus capable de se connecter à ses propres envies et à ses émotions, et on commence lentement à se dissocier et à se couper de soi et des autres.

J'ai été la spectatrice impuissante de la descente aux enfers que nous avons tou·te·s vécue. Mon père décidait d'absolument tout : si on sortait, si on passait une bonne journée ou pas, si le dîner se passerait tranquillement ou bien au contraire s'il se transformerait en champ de bataille. Nous vivions dans une tension constante, dans l'attente de ce qu'il dirait ou ferait. Car TOUT dépendait de lui.

Mais je ne me suis jamais rendue. J'ai érigé un rempart, une forteresse pour préserver mon pouvoir et je l'ai cultivé au quotidien, car j'avais pleinement conscience que sinon je courais à ma propre perte. J'étais décidée à être la seule maîtresse de ma vie, car ce pouvoir n'appartenait qu'à moi et me définissait en qu'être humain libre.

La liberté est LA valeur qui a guidé ma vie. Car j'en ai rêvé pendant des années. Et je me suis juré que le jour où j'obtiendrais enfin cette liberté, je serais libre pour toujours. C'est donc ma boussole. J'aime librement, je mange librement, j'apprends librement, je danse avec la vie librement. Je suis fidèle à moi-même car le pouvoir est en moi. Je n'attends alors plus rien du monde extérieur et je m'en délivre pour être entièrement libre.

Cette expérience de vie m'a servi. Aussi dure fût-elle à expérimenter. Car elle m'a permis de savoir ce que je n'accepterai jamais. Alors, pour être heureuse, j'ai besoin de me sentir libre : dans mes relations, dans mon travail, dans ma famille. J'ai besoin de sentir que la liberté est partout. En moi et dans les différents rôles que j'occupe : je suis mère mais je suis aussi une femme, je suis salariée mais j'ai le droit de dire ce que je pense et d'exprimer mes désaccords. Je pose donc des limites afin de préserver ma liberté et mon intégrité.

Dans ma relation avec les hommes, par exemple, je n'ai jamais accepté de situations toxiques. Je ne me suis jamais sentie dépendante affectivement de qui que ce soit, car je ne m'y autorise pas. Oui, j'ai aimé passionnément mais de manière saine, en préservant mon propre pouvoir et ma liberté. En traçant une ligne entre moi et cet Autre. Pour ne pas me noyer dans l'Autre. Pour que nous gardions chacun·e notre liberté. Car s'aimer, c'est s'aimer soi et aimer l'autre pour ce qu'il est : avec ses qualités et ses défauts. C'est aimer être ensemble, aimer faire l'amour ensemble, aimer partager des moments, se projeter ensemble. Mais en étant chacun·e maître de sa vie et de ses envies. En reconnaissant chacun·e ses limites et en les acceptant. Alors si l'histoire s'arrête, chacun repartira de son côté avec sa vie entre ses mains et pourra ainsi continuer à évoluer et à avancer. Sans dépendre de ce que fera l'autre. Car chacun·e aura gardé la main sur son propre pouvoir. Le pouvoir de décider, le pouvoir de ne plus s'aimer assez pour rester ensemble, le pouvoir de partir.

Poser des limites est donc essentiel pour être en cohérence avec nous-mêmes. Car cela définit ce que nous acceptons et ce que nous n'acceptons pas, ce que nous sommes disposé·e·s à faire ou pas. C'est ce qui nous permet de ne pas nous trahir et d'être intègres. Avec nous-mêmes et avec les autres. C'est se respecter et se faire respecter. Car le pouvoir nous appartient. Toujours.

Perdre son pouvoir est un processus insidieux, car cela nous apparaît parfois de façon évidente et parfois beaucoup moins. Car qu'en est-il lorsque nous accordons trop d'importance à des événements ou à des personnes en particulier ? N'est-ce pas là aussi une façon de céder son pouvoir ? Car finalement, le pouvoir n'est plus en nous mais bien dans l'autre camp. Or les événements sont ce que nous décidons de croire qu'ils sont. Si nous décidons de croire que quelque chose est grave, cela le sera et occupera une grande place dans notre corps et notre esprit. Si au contraire nous décidons qu'en fait cette même chose n'est pas si grave, nous nous sentirons plus léger·ère·s et délesté·e·s d'un grand poids. Une fois encore, cela ne dépend que de nous et de la vision que nous souhaitons porter sur les événements.

Être dans « l'attente de », c'est aussi perdre son pouvoir. C'est donner son pouvoir à un autre : à une personne ou à une situation. C'est se décentrer, se désaligner. Ne plus être en accord avec soi-même. C'est donner de l'importance à quelque chose qui ne dépend pas de soi. Qui peut arriver maintenant ou alors jamais. Être dans l'attente fait mal. Car on est à l'affût de ce qui pourrait éventuellement se passer, ou pas. On devient alors un sujet passif qui mise tout sur ce que va faire l'autre en fonction d'une situation donnée. On remplit alors l'espace de vibrations basses qui finissent par le saturer et le compresser. Et bien souvent, cela a tendance à figer l'évolution d'une situation, car apparaît alors une sorte de blocage. Même notre perception du temps change et tout semble devenir long et pesant.

Alors qu'être dans l'espoir est une notion positive. On nourrit un rêve, un désir. On peut être déçu·e certes, mais on est dans une position active et dans une vibration haute car on aspire à plus, à quelque chose qui pourrait nous faire du bien et être bénéfique pour notre évolution.

Nous avons aussi le pouvoir de jouer avec les mots pour transformer notre réalité. Car le langage que nous utilisons crée notre réalité. Les mots ont un pouvoir incroyable. Nous pouvons construire ou bien détruire. Cela ne dépend que de nous et de l'intention que nous posons dans chacune de nos paroles. Si on utilise des mots à connotation négative, on participe à la douleur et à la souffrance. Ils obstruent notre réalité en fermant notre champ des possibles, car ils créent des cercles vicieux. Au contraire, si on emploie des mots à connotation positive, on construit un univers solaire et radieux et on ouvre un monde plein de nouvelles possibilités. Grâce à ça, on peut faire circuler l'abondance dans notre vie en créant des cercles vertueux. Nous pouvons alors générer du bonheur ou du malheur. Ou bien ne rien dire, mais ne rien dire c'est aussi dire quelque chose. Alors les non-dits deviennent aussi importants que les mots qu'on prononce.

Lorsque nous passons par des moments difficiles, nous avons tendance à nous plaindre et à nous victimiser sans assumer bien souvent nos propres responsabilités. Nous remplissons alors l'espace de mots qui sonnent creux et qui sont en lien avec le manque. Nous adoptons une posture passive et, bien souvent, nous nous laissons entraîner dans une spirale infernale. Il semblerait en effet qu'il soit bien plus facile de se laisser couler au fond de la piscine que de faire l'effort de remonter à la surface.

Or cet effort change tout, car nous nous réapproprions notre pouvoir : celui de créer, grâce au langage du cœur, une réalité positive. Le langage a donc le pouvoir de transformer notre vie et celle des autres.

Lorsque j'ai vécu des moments difficiles, les mots de mes proches ont été salvateurs. Car les miens ne l'étaient plus. Chaque mot reçu était alors une caresse pour mon âme abîmée et souffrante. Chacun de ces mots était porteur d'amour et provenait du cœur de chacun de ces êtres proches. Ils pansaient mes blessures et me redonnaient confiance en la vie. Et une fois remise sur pied, j'ai pris le relais et j'ai été à nouveau capable, par mes propres mots, de créer une réalité plus positive. Mais cette transition a été capitale car je n'étais plus à même, à un moment donné, de garder espoir en la vie. Ce sont alors mes proches qui m'ont insufflé, par la force de leurs mots, l'envie de revenir à la vie. Et c'est ainsi que j'ai pu décoller à nouveau et repartir sur des bases saines.

Il est donc important de peser les mots que l'on utilise. Aussi bien à son égard qu'à celui d'autrui. C'est là que le premier accord toltèque de Miguel Ruiz prend tout son sens : « Que ta parole soit impeccable. »

Chaque mot aura un impact sur l'Autre et sur son système de croyances. On pourra donc le renforcer ou le détruire. D'où l'importance de comprendre la puissance qu'ont les mots.

On peut se créer une vie de rêve uniquement avec des mots, car ils nous permettent de voyager au travers de notre imagination, portés par nos désirs les plus profonds.

Si l'on comprend cela, est-il possible alors d'attirer à nous cette réalité que nous souhaitons vivre ? Essayez et vous verrez.

Car le pouvoir a toujours été en vous.

Chapitre 16

Rééquilibrer ses énergies Yin et Yang pour vibrer l'Amour

« Le féminin sacré : il est temps de te reconnecter
à ton énergie féminine. À ta partie Yin. À la sensibilité,
à l'inspiration, à la créativité, à l'intuition et à la douceur. »

« Le masculin sacré : il est temps de te reconnecter
à ton énergie masculine. À ta partie Yang. À l'action, à la combativité,
à la persévérance, à la détermination et au pouvoir. »

Carélia Feris
Le Petit Oracle des Guidances Étoilées

Qui n'a jamais entendu parler de ces concepts ? Du Yin et du Yang ? Du féminin sacré et du masculin sacré ? Mais les comprend-on vraiment ? Appréhendons-nous vraiment qu'ils font partie intégrante de nos vies ? Que ces énergies mouvantes sont en nous ? Selon moi, pas vraiment, tant qu'elles ne restent que des concepts et que ceux-ci continuent à être abstraits. Je pense alors qu'il faut les déployer dans toute leur ampleur et profondeur pour comprendre vraiment ce dont il s'agit. Car ces énergies nous habitent tou·te·s, mais bien souvent nous n'en avons pas conscience.

En ce qui me concerne, je ne les ai comprises qu'il y a très peu de temps en réussissant à établir un lien entre ces énergies et ma vie. J'ai donc travaillé sur ces concepts et les ai intériorisés. Et c'est ainsi que j'ai pu les faire miens. Et comme dans tout processus de transformation, j'ai dû déconstruire pour mieux reconstruire et me défaire de croyances qui étaient ancrées au plus profond de moi pour en faire émerger de nouvelles.

Lorsque j'entendais la description de ces énergies, je me reconnaissais automatiquement dans celle de l'énergie Yang. Car j'ai toujours été dans l'action, dans la combativité, dans la stratégie, dans la préservation farouche de mon pouvoir et de ne jamais le céder à qui que ce soit. Je me collais donc sans le savoir une étiquette de guerrière et je laissais ce concept me définir et diriger toute ma vie. Parce que c'est ainsi que j'avais été élevée. À la baguette. Il a donc fallu que je sois forte pour pouvoir survivre. Et cela depuis ma toute petite enfance. J'ai vécu des situations extrêmement violentes et douloureuses lorsque j'étais enfant et j'ai donc dû me protéger ; je me suis forgé une armure afin de ne pas être blessée. J'ai été éduquée par un père qui n'admettait aucune faiblesse car il fallait être fort·e pour vivre. Il m'a enseigné que la vie était dure et qu'il fallait constamment se défendre si on ne voulait pas courir le risque de se laisser marcher sur les pieds. Qu'il fallait être dur·e et exigeant·e. Avec soi-même et avec les autres. Cela se traduisait au quotidien aussi bien dans ses paroles que dans ses actes et prenait des proportions telles que si, enfant, je tombais et me faisais mal, je n'avais pas le droit de pleurer ou de me plaindre car je risquais une punition. De la même manière, je ne pouvais pas montrer que j'avais du chagrin, car il fallait que je me montre forte et courageuse. J'ai grandi avec cette croyance et je me suis protégée dans tous les domaines de ma vie.

J'ai donc grandi comme une guerrière qui croit que la vie est un champ de bataille et qu'on doit lutter pour survivre. Enfant, j'observais la dynamique de la relation entre mon père et ma mère. Lui était le Yang et elle était le Yin. Lui l'écrasant, dur, autoritaire, et elle se laissant faire, complètement passive et à sa merci. Et je m'étais promis que je ne serais jamais comme elle, que jamais je ne laisserais quelqu'un me faire du mal et que je ne serais jamais dépendante d'autrui : ni émotionnellement ni financièrement. Et ce pacte que j'ai conclu avec moi-même a marqué toute ma vie. Le Yin était donc devenu, sans que j'en aie conscience, mon pire ennemi, car il était, selon moi, signe de faiblesse et de mise en danger.

J'ai donc été convaincue pendant des années que je ne pouvais me connecter qu'à l'énergie Yang, car c'était l'énergie dont j'avais besoin pour avancer et pour être protégée. Et effectivement, grâce à elle, j'ai pu déplacer des montagnes et donner vie à beaucoup de projets. J'ai été déterminée quand il a fallu l'être et je n'ai jamais rien lâché, jusqu'à obtenir ce que je voulais. Mais j'ai aussi donné l'image d'une femme si forte et si autonome qu'elle pouvait tout faire toute seule et toujours tout assumer. Mais est-il vraiment possible d'être constamment dans la lutte et l'action sans s'épuiser ? Sans s'autoriser à être vulnérable ?

La réponse est bien évidemment non. Et il a fallu que je l'expérimente dans ma chair et dans mon âme pour enfin comprendre que j'étais vulnérable et qu'il était juste de l'être. Cet apprentissage a sans doute été le plus long que j'aie eu à effectuer, j'ai mis des années à comprendre et à faire de la place pour accueillir et honorer cette énergie Yin en moi. Mais l'Univers n'a rien lâché. Il m'a envoyé mille et une épreuves pour que je puisse enfin dévoiler cette vulnérabilité en moi. Mais comme j'étais une guerrière, je m'obstinais à être dans la lutte et à vouloir remporter la bataille. Car c'est ainsi que je fonctionnais. Être forte était ce qui me décrivait le mieux. C'était mon essence. Je ne supportais ni la faiblesse ni le fait d'abandonner. Et encore moins celui de m'abandonner. Mais comme je ne comprenais pas le message que j'avais reçu et que je continuais sur ma lancée, l'Univers m'envoyait à nouveau des épreuves. Je n'ai vraiment compris cela que quand j'ai eu tellement de problèmes à gérer en même temps qu'il a fallu que je me résigne à renoncer à lutter, car je n'en pouvais tout simplement plus. C'était à la rentrée 2021 : j'avais chuté dans l'escalier et m'étais fracturé le sacrum, j'avais de gros soucis avec mon fils de 12 ans qui était en pleine crise d'adolescence, les relations avec mon ex-mari étaient très tendues, j'étais dans une situation professionnelle extrêmement fragile. Bref, tout foutait le camp. Et je me suis effondrée. Car je n'en pouvais plus. J'étais lasse, épuisée même. Je n'avais plus la force de continuer à lutter et n'avais plus qu'une seule envie : ne plus rien faire et ne plus avoir à gérer tous ces problèmes à longueur de journée. J'avais juste envie d'être seule et de pleurer. Et de crier au monde entier que j'étais fragile et que je n'étais plus capable d'encaisser de coups.

J'ai alors compris que je ne pouvais pas tout contrôler et que je devais lâcher prise. Et ce lâcher-prise est né de mes entrailles, car j'étais la vulnérabilité incarnée. Un mot, un regard pouvaient me faire pleurer. J'étais à fleur de peau. Mais j'embrassais cette vulnérabilité. Je l'acceptais. Je redevenais une petite fille qui pleurait dans les bras de sa mère et y trouvait le réconfort. Et c'était si bon de pouvoir le faire. D'avoir la chance d'avoir cette maman auprès de moi pour qu'elle me console et me berce dans ses bras. C'était bon de me sentir toute petite et fragile. Car je comprenais intuitivement que je pouvais ne plus avoir à décider, ne plus avoir à tout contrôler. Pour la première fois de ma vie, je laissais faire l'autre à ma place. Cette vulnérabilité m'a habitée tout entière pendant des semaines. C'est cette énergie qui m'a permis de demander de l'aide et du soutien : à ma mère, à mon ex-mari pour la garde de mon fils aîné, à mes ami·e·s. Et je me rendais compte que tout cela me soulageait d'un énorme poids et que je pouvais faire cohabiter la vulnérabilité avec la force. Et que l'une avait besoin de l'autre pour exister. Qu'elles s'épousaient parfaitement. J'ai compris que je pouvais ôter cette armure qui me pesait tant car elle ne m'appartenait plus. Je pouvais enfin déposer les armes car oui, la vie pouvait être belle et douce.

En vibrant cette énergie, j'ai réellement appris à lâcher prise. J'ai cédé le contrôle à l'Univers pour qu'il me guide. C'était la première fois de ma vie que je décidais de ne plus être aux commandes de mon existence. Et j'étais confiante car je réapprenais à vivre d'une manière différente, plus douce, en me lovant dans les énergies de la vie.

Je me souviens d'une phrase qui est restée gravée en moi, et qui illustre très bien mes propos. Elle m'a été dite par l'une de mes sœurs d'âme : « Tu as été occupée pendant des années à survivre, maintenant il te faut vivre. » Cette phrase avait provoqué un déclic en moi. Vivre veut dire se laisser aller et suivre le chemin que la vie, l'Univers nous tracent. L'emprunter doucement et avec confiance. Et ne pas être dans une lutte constante.

J'ai tellement bataillé pendant des années sans aucun répit que cela a créé des déséquilibres dans mon travail, mais aussi dans mon couple. Car comment réussir à être bien dans son couple si un·e des deux fait passer des messages selon lesquels il·elle n'a pas besoin de l'autre pour ses projets ? Pour avancer ? Pour amorcer des pistes de réflexion ? Pour prendre des décisions ? Pour trouver du réconfort ?

Pendant longtemps j'ai cru que j'étais autosuffisante et que je n'avais besoin de personne. C'est ainsi que j'ai endossé des responsabilités qui ne m'incombaient pas notamment lors de ma séparation et pour la garde de mes enfants. Je ne m'étais jamais posé par exemple la question d'une garde alternée, jusqu'à récemment. Car j'étais certaine de pouvoir tout assumer : mon travail, mes enfants, mes loisirs et ma vie sociale. Sans demander de l'aide à qui que ce soit et sans me laisser de temps libre. Et comme je montrais qu'une fois encore je pouvais tout faire toute seule, l'autre n'a pas refusé cette contrepartie. Jusqu'à ce que je tombe malade. Jusqu'à ce que l'on me découvre, lors d'un examen de contrôle, un dysfonctionnement du foie dont la cause, à ce jour, n'a toujours pas été complètement expliquée.

Il est intéressant de savoir que pour la médecine chinoise, le foie est le siège de la colère. Et oui, je bouillonnais à l'intérieur de moi car mon corps sentait un déséquilibre émotionnel que mon mental ne me laissait pas voir. Je courais toute la journée, je dormais mal, je n'avais pas de moment pour me ressourcer, je supportais les disputes de mes enfants, les problèmes comportementaux de mon aîné, les difficultés financières, et tout cela en silence. Car si j'avais toujours tout fait toute seule, je pouvais encore continuer à le faire. Mais je confondais résilience et suradaptation. J'avais été résiliente, certes, mais je me suradaptais à une situation qui me faisait du mal car il n'y avait pas de point d'équilibre. J'étais tombée dans l'excès sans même m'en rendre compte.

Mais l'Univers est sage, car mes problèmes de santé ont joué un rôle important dans cette partie : ils m'ont obligée à demander de l'aide. Et je me suis rendu compte que je pouvais me montrer vulnérable sans pour autant me laisser marcher sur les pieds. J'ai compris qu'il fallait que je pose des limites afin que celles-ci soient le rempart et la forteresse protectrice de mon bien-être. Parce qu'il était sain de le faire.

Me connecter à mon énergie Yin laisse de la place pour la douceur, pour l'imaginaire, pour la rêverie, pour la créativité, et celle-ci me permet d'accueillir la nouveauté dans ma vie, car je deviens réceptive. Et c'est un point central. Beaucoup de gens se plaignent de ne pas trouver le travail de leurs rêves, de ne pas trouver un amoureux ou une amoureuse. Mais sont-ils vraiment dans cette énergie de réceptivité ? Sont-ils vraiment prêts à accueillir cela dans leur vie ? Et à lâcher prise en cédant le contrôle à la Vie, à l'Univers ?

Pour la première fois depuis ma séparation, j'ai envie d'accueillir un homme dans ma vie, je me sens prête. Car j'ai compris qu'aimer ne me rend pas dépendante de quelqu'un, et que cela ne me met pas dans une position de faiblesse. Et je sais qu'en ressentant cela, j'envoie une énergie et une fréquence vibratoire différentes à l'Univers. J'envoie un message puissant qui dit que je suis prête à aimer à nouveau et à être aimée à nouveau. À m'ouvrir à quelqu'un et à me donner à lui. Sans mettre mon armure. Et en me montrant dans toute la splendeur de mon féminin sacré.

Aujourd'hui, je rééquilibre la balance du Yin et du Yang et je laisse les changements s'opérer. Je les reçois et les accueille. Je lâche prise. Et cela fait émerger en moi de nouveaux besoins que je n'avais pas identifiés jusqu'ici. Dans ma relation avec les hommes, je me découvre sous un nouveau jour. Moi la guerrière, j'ai envie aujourd'hui d'avoir à mes côtés un homme qui puisse me réconforter, et prendre soin de moi. De me sentir protégée et aimée. Un homme qui puisse être une montagne à laquelle je puisse m'adosser dans les tourmentes de la vie.

Mais ce n'est qu'en acceptant ma vulnérabilité que je peux voir cela. Les armes sont à terre et je me laisse aller, porter par la vie. Et c'est ainsi qu'un champ de possibles peut se déployer devant moi. Car j'ai compris que je ne peux pas être dans la combativité sans cesse, au risque de m'épuiser.

J'accepte donc de lâcher prise et je m'accepte comme je suis : avec mes zones d'ombre et de lumière, avec mon masculin sacré et mon féminin sacré qui s'entrelacent pour ne faire plus qu'une seule et même unité.

Chapitre 17

Rien n'est pour toujours, alors vivons !

« Silence avant de naître, silence après la mort,
la vie n'est que bruit entre deux profonds silences. »

Isabel Allende
Paula

J'aime profondément cette phrase écrite par l'une de mes compatriotes. Elle est belle et poétique et décrit en peu de mots ce qu'est la vie. Un moment. Un instant. Qu'il nous appartient d'embrasser ou pas, car vivre est un choix que nous faisons chaque jour.

Qu'y avait-il avant notre naissance ? Et qu'y aura-t-il après notre mort ? Rien ? Le vide ? Le néant ? Ou bien au contraire tout ? Nous ne le savons pas. Alors nous élaborons des théories pour nous rassurer et sentir que nous gardons le contrôle face à l'inconnu. Mais au fond, qu'importe ? Car comme le disait si bien Socrate : « Je sais que je ne sais rien. » La seule chose dont nous soyons vraiment certain·e·s, c'est que nous sommes là et que pour le moment nous vivons cette expérience terrestre. Pour combien de temps ? Nous ne le savons pas, mais nous percevons que la vie n'est que changement et impermanence, et que tout peut changer d'un instant à l'autre. Que tout peut se jouer en quelques secondes, ce qui rend la vie éphémère et fragile.

Or, arriver sur cette Terre et avoir la possibilité de vivre cette expérience relèvent du miracle. Vous en rendez-vous compte ? Car quelle était la probabilité que vous arriviez ici ? Une parmi des milliards ? Que ce soit juste vous qui naissiez ? Vous qui êtes unique et qui avez des expériences de vie que personne d'autre n'aura ? Car on peut être plusieurs à vivre la même situation, mais il y aura autant d'expériences que de personnes qui les auront vécues, car nous sommes tou·te·s différent·e·s et nos perceptions le sont également.

Alors maintenant que vous vous rendez compte de cette chance exceptionnelle d'être ici, comment allez-vous décider de vivre cette expérience ? Quelle posture allez-vous adopter ? Car cela ne dépend que de vous. Rappelez-vous que le pouvoir vous appartient. Alors, qu'allez-vous faire de votre vie ?

En ce qui me concerne, je suis née sur cette Terre avec le sourire. Si, si. C'est vrai. Je ne croyais pas mes parents quand ils me le disaient, et il a fallu que je voie la photo qui avait été prise le jour de ma naissance pour constater qu'effectivement, je souriais. J'étais donc, semble-t-il, arrivée confiante et souriante dans cette expérience qu'il m'était donné de vivre. J'avais été prénommée Carélia et j'étais la fille de parents chiliens partis à la découverte du monde, et qui, à ce moment précis, vivaient au Canada. Mon prénom avait été choisi par mon père, véritable amoureux des pays scandinaves et de musique classique. En effet, mon prénom est d'origine finlandaise et provient d'une merveilleuse région de Finlande appelée Karelia, et c'est aussi le nom d'une œuvre d'un grand compositeur de musique classique, Jean Sibelius. Et que veut dire Karelia en finlandais, me demanderez-vous ? Cela signifie grégaire. Comment aurait-il pu en être autrement, moi qui aime tant être avec les gens et qui vibre à chaque fois que je suis au sein d'une communauté ?

Et c'est donc avec le sourire que j'ai initié ma vie sur cette Terre. L'ai-je toujours eu sur mon visage ? Non, car j'ai vécu, comme vous tous, des événements compliqués, mais il fait partie de mon essence et il ne tarde pas à revenir sur mes lèvres et dans mon cœur. Car j'ai confiance et foi en la Vie.

J'ai conscience que ce qui est aujourd'hui ne le sera peut-être plus demain, alors je vis tout à fond. Chaque instant qui se présente à moi est un cadeau que je découvre et que je savoure. Car on peut passer du TOUT au RIEN en une seconde. Par conséquent, je profite de chaque moment qu'il m'est donné de vivre avec intensité. Chaque jour qui commence est la promesse que tout est possible, alors je vis chaque jour comme si c'était le dernier. Je préfère oser que ne pas oser, avoir des remords que des regrets, avoir fait que pas fait. Car la vie n'est que surprise et imprévu. Mais sommes-nous vraiment prêts à tout bousculer pour accueillir un changement dans notre vie ? Lui fait-on vraiment de la place ? Car pour attirer le changement à soi, il faut non seulement le vouloir mais aussi être disposé·e à le recevoir dans sa vie et à lui faire de la place.

De par mon expérience, les changements sont arrivés dans ma vie car je les ai ressentis au plus profond de moi avant même d'y avoir pensé. Parce que je n'en pouvais plus, parce que ce n'était pas juste, pour moi, pour toi, pour nous. Parce que j'avais besoin de renouveau, de me challenger, de me sentir vivante à nouveau. Alors j'ai fait le ménage en moi pour me débarrasser de ce qui était obsolète et qui m'encombrait. J'ai éliminé ce qui n'avait plus de raison d'être, et c'est ainsi que le changement a pu s'opérer. Car je m'y suis préparée mentalement, et j'ai ancré au travers de mes actes l'invitation au changement.

Alors oui, continuer dans ma zone de confort aurait été bien plus facile. J'aurais pu faire semblant. D'être heureuse, d'aller bien, d'être épanouie. Mais je ne sais pas faire semblant. Je suis trop entière. Il y a eu des changements douloureux, mais si nécessaires. Des changements heureux aussi, bien sûr. Des changements de toutes sortes : des naissances, des séparations, des pertes, des expatriations. Avec des hauts et des bas, comme pour tout le monde dans la vie. Mais ces changements se sont matérialisés parce que je les vibrais, je les portais en moi depuis un certain temps. C'est pour cela qu'il ne pouvait pas en être autrement et qu'il fallait que ma vie change. Parce que cela sonnait juste pour moi, et que ces changements m'ont aidée à me réaligner avec la Vie.

Rien n'est pour toujours : alors profitons pleinement des belles choses qui arrivent dans notre vie et incarnons le changement que nous souhaitons voir s'opérer. Nous sommes toujours en train de dire adieu à quelque chose. À une situation, à une personne, à cette seconde qui vient de passer et qui ne reviendra plus jamais. Car la vie est éphémère. Elle est une parenthèse de temps. Et elle peut s'éteindre à n'importe quel moment.

Je vis avec la mort tous les jours, car j'ai conscience que tout peut s'arrêter d'un moment à l'autre. Alors la mort ne me fait pas peur. Car elle fait partie de la vie. Elle est juste un portail vers l'inconnu, vers une autre étape, peut-être ? La physique dit que l'énergie ne se perd pas mais qu'elle se transforme. Partant de ce postulat, nous allons donc mourir et cette énergie se transformera en quelque chose d'autre. En quoi ? En amour ? En terre ? En air ? En feu ? En eau ? C'est bien là tout le mystère de la vie et de la mort, qui ne sont finalement que les deux extrêmes d'une même histoire.

Mais nous sommes ici et maintenant, et la vie, c'est aujourd'hui que ça se passe !

Alors qu'attendez-vous ? Pour vivre ? Pour oser ? Pour être heureux·se ? Pour dépasser vos limites ? Pour tenter cette expérience qui vous fait tant envie ? Pour dire : « Je t'aime » ? Pour changer de vie ? Pour quitter cette personne qui vous fait du mal ? Pour dire stop ? Pour dire oui à ce dont vous avez tant envie ? Pour poser des limites ? Pour être pleinement vous-même ? Pour vous faire du bien ? Pour sortir de votre zone de confort ? Pour faire l'amour ? Pour vous connaître ? Pour vous aimer ? Pour aimer cet autre ? Pour voyager ? Pour apprendre ? Pour cultiver votre âme ? Pour profiter des personnes qui vous sont chères ? Pour communier avec la nature ? Pour chanter ? Pour vibrer ? Pour rire ?

Pour vivre et pour danser avec l'Univers ?

Alors êtes-vous prêt·e ? Car l'Univers, lui, n'attend plus que vous...

« On dit qu'avant d'entrer dans la mer, une rivière tremble de peur. Elle regarde en arrière le chemin qu'elle a parcouru, depuis les sommets, les montagnes, la longue route sinueuse qui traverse des forêts et des villages, et voit devant elle un océan si vaste qu'y pénétrer ne paraît rien d'autre que devoir y disparaître à jamais. Mais il n'y a pas d'autre moyen. La rivière ne peut pas revenir en arrière. Revenir en arrière est impossible dans l'existence. La rivière a besoin de prendre le risque et d'entrer dans l'océan. Ce n'est qu'en entrant dans l'océan que la peur disparaîtra, parce que c'est alors seulement que la rivière saura qu'il ne s'agit pas de disparaître dans l'océan, mais de devenir océan. »

Khalil Gibran

Remerciements

À mon éditeur, Frédéric, car grâce à sa confiance, j'ai pu réaliser l'un de mes rêves les plus précieux, que je cultivais au plus profond de moi depuis que je suis toute petite : celui de publier un livre. C'est chose faite. Merci aussi pour la liberté totale dont j'ai bénéficié pour sa rédaction.

À ma chère Isabelle qui a été mon premier contact au sein de ma maison d'édition, et qui a toujours été là pour moi lorsque j'ai eu besoin de conseils.

À Louise, pour la magnifique illustration de mon livre, ainsi que pour sa douceur et sa patience face à toutes mes exigences.

À Chloé et Nadia, pour leur accompagnement et pour les dernières corrections et relectures avant que mon livre voie la lumière du jour.

À ma mère qui m'aime et me soutient inconditionnellement.

À mes enfants que j'aime plus que tout au monde et qui m'ont encouragée dans le processus d'écriture de ce livre.

À mes sœurs et frères d'âme ainsi qu' à ma famille d'âmes, pour leur soutien à chaque étape de ma vie.

À vous qui me faites confiance et qui avez lu mon livre.

Avec Amour,

Carélia

À propos de l'auteure

Carélia Feris est psychologue et auteure.

Chilienne de sang et française de cœur, elle porte ces deux cultures en elle. Forte d'un parcours international, elle vit aujourd' hui à Paris.

Passionnée par l'humain et par la communication elle partage à travers ses ouvrages ses clés pour trouver le chemin du bien-être et de l'épanouissement. Elle réalise également des ateliers et conférences sur différents sujets en lien avec la psychologie et le développement personnel.

Éprise de la pratique de la danse depuis toujours, l'auteure nous invite à danser avec la Vie pour vibrer et ainsi profiter intensément du moment présent.

@carelia_feris
@partage_moi_ton_histoire

Achevé d'imprimer en mars 2022
sur les presses de la Nouvelle Imprimerie Laballery
58500 Clamecy
Dépôt légal : mars 2022
Numéro d'impression : 202680

Imprimé en France

La Nouvelle Imprimerie Laballery est titulaire de la marque Imprim'Vert®